한 장 보고서
끝장내기

한 장 보고서 끝장내기

1판 1쇄 발행 2021년 10월 25일
1판 3쇄 발행 2024년 2월 25일

지은이 윤홍준
펴낸이 이기준
펴낸곳 리더북스
출판등록 2004년 10월 15일(제2004-000132호)
주소 경기도 고양시 덕양구 무원로 6번길 12 대흥프라자빌딩 815호
전화 031)971-2691
팩스 031)971-2692
이메일 leaderbooks@hanmail.net

ISBN 979-11-90616-47-8 03320

한눈에 쏙! 지적! 핵심을 꿰뚫는 일잘러의 보고서

한 장 보고서 끝장내기

윤홍준 지음

리더북스

프롤로그

보고서는 직장인의 삶에 가장 강력한 도구

이 책은 한마디로 보고서를 잘 쓰기 위한 실용서다.

매일 넘치는 보고들이 직장생활을 가득 채우곤 한다. 우리는 하루 근로 8시간 동안 몇 번이나 보고를 할까?

일보고, 주간보고, 영업판매보고, 제조현황보고, 사업계획보고 등등. 그뿐인가? 카톡, 텔레그램, 잔디 등 SNS를 합치면 업무와 동시에 보고를 하는 상황이다. 또한 상사의 질문에 답변하는 것까지 보고로 친다면 실로 엄청난 양이다.

직장생활에서 보고서와 관련된 암울한 미래를 알고 싶다면, 직장인이 뽑아 든 10장의 타로카드에는 아마도 이런 심중이 담겨있을 것이다.

10장의 타로카드

1. 보고서 공포증후군

주간보고로 시작하는 월요일에는, 이불 속에서 항상 연차를 고민한다.

매주 월요일, 블랙먼데이. 월요일에는 어느 회사건 간에 보고로 시작한다. 팀보고, 본부보고, 주간보고, 월보고 등을 해야 한다. 주말도 쉬지 못하는 경우가 많다. 그렇게 토요일에 보고서를 정리했건만, 일요일 저녁에는 잠이 잘 오지 않는다. 잠이 들려는 순간, 상사가 예상치 못한 질문을 할 키워드가 생각나서 잠이 싹 달아난다. 그로부터 멀뚱거리며 선잠을 자면서 양을 수백 마리 헤아린다. 아침에 일어나면 충혈된 눈으로 그럴듯한 연차 사유를 쥐어짠다.

2. 질문 양산 보고서

보고하는데 난도질하는 상사의 질문에 정말이지 숨이 콱콱 막힌다.

송곳 질문. 숨을 곳이 없을까? 생산실적 보고를 하는 자리에 섰다. 발표는 정말이지 떨린다.

"이번 주 생산실적을 보고드립니다. 총 350개 생산했으며 무리 없이 잘 진행되고 있습니다."

팀장이 날카롭게 쏘아보며 쉴 새 없이 질문한다.

"이번 달 목표와 실적은 얼마인가? 350개는 현재 실적인가 혹은 누계인가?"

"네, 이번 달에는 400개가 목표인데, 현재까지 누적으로 350개 생산했습니다."

"그럼, 나머지 50개는 왜 생산을 못 했는가?"

"(머뭇거리며) 그것이… 아직 확인을 못 했습니다."

"이보게, 그런데 뭐가 무리 없이 진행된다는 것인가?"

한마디 보고에 난도질하는 상사의 질문은 숨이 막힐 지경이다.

3. 수정 과다 보고서

리턴된 결재용지 위에 험상궂게 그어진 빨간 글씨에 속이 다 울렁거린다.

사랑의 회초리, 적색 볼펜. 대리님 책상에 오전에 올려놓았던 결재판이 식사를 마친 후에 와보니 내 책상 위에 있다. 결재판의 투명 비닐 사이로 보이는 빨간 글씨. 보나마나 대리님이 수정, 첨삭한 것이다.

적색펜으로 험상궂게 생긴 글씨들이 어지럽게 씌어 있다.

'이 사람아, 한글 좀 제대로 읽어라. 도대체 오탈자가 왜 이렇게 많은가?'

'이 내용은 두서가 없어. 배경도 없이 어떤 스토리로 결재를 받으려고 하는가?'

'섬세한 기초 데이터도 없이, 무슨 근거로 당신은 이런 결론을 내리는가?'

대리님의 말씀은 모두 맞다. 그런데 가슴속에 불같은 화가 치미는 것은 무슨 이유일까?

4. 방향성 부재 보고서

보고서의 본질과 의사결정할 사항이 대체 뭐냐는 질문을 자주 받는다.

팀장님이 찾으신다.

"자네, 마케팅보고서를 냈는데, 도대체 무슨 의미인지 모르겠어. 설명 좀 해봐."

"네, 이번 마케팅 기획은 제품의 디자인에 중점을 두고 작성을 한 것인데…"

"그건 잘 알고 있고, 그래서 리포트의 본질이 무엇인가?"

"네, 3C입니다. 제품에 대하여 고객·경쟁사·시장에 맞춰서…"

"여기는 회사야. 자네의 논문발표장이 아니야. 내가 의사결정할 사항이 뭐야?"

"네, 마케팅 기획을 만든 것이지, 의사결정은 생각을 못 했습니다."

"기획을 해서 최적안 A, B를 도출하고, 그중 내가 결정할 것을 주어야 하잖아!!"

오늘도 열중쉬어 자세로 마음속에 참을 인(忍) 자를 하나씩 쓰기 시작한다.

5. 요약 없는 보고서

공들여 10장의 보고서를 냈는데, 한 장으로 추리라면서 바보 취급을 받는다.

어제 밤을 꼬박 샜다. 부장님이 내 리포트를 검토하고 있다.

"리포트가 총 10장인데, 허~ (한숨) 내가 사장님께 이걸 다 보고드려야 하나?"

"네, 그중 중요한 것은 3페이지 개요와 7페이지 비용이고, 8페이지 일정도 중요합니다."

"내가 그걸 몰라서 물어보나? 한 페이지로 요약해서 줘야 간략히 보고드리지."

"10장도 최대한 요약한 것입니다. 한 장에 정리하면 이해를 못 하실 수도 있어서…"

"그럼 10장 앞에 한 장짜리 요약을 해서 올려봐. 뒤에는 참조하면 되니까. 참 답답하네."

누가 답답한지 모르겠다. 친절하게 10장을 작성했으면 그것으로 얘기하면 되지.

6. 기본기 없는 보고서

회의록, 기안, 결재 등 보고서의 기초를 모른다며 공식적으로 혼이 난다.

매출채권 회의 시간. 부장님이 들어온다. 일순간 긴장이 흐른다.

"모두 들어왔나? 송 대리, 매출채권 화면에 띄워 봐." (허겁지겁 엑셀파일을 연다.)

부장님은 한 칸 한 칸 부서원을 몰아세우며 날카롭게 지적하고, 송 대리는 정신없이 수정한다.

"박 과장, A사에 납품한 지가 언젠데, 아직 수금을 못 해 와?"

"네, A사의 고객으로부터 아직 대금 지급을 못 받아서…"

"그걸 대답이라고 하나? 자넨 우리 회사 직원인가, 아니면 A사 직원인가? 대변인 같구먼. 쯧. 이것 다음 주까지 수금해 와. 자료 수정해."

송 대리는 엑셀에 정신없이 수정하고 저장을 누른다. 한 시간 회의가 끝날 즈음에 부장님이 묻는다.

"이제 모든 것이 정리되어 가는군. 송 대리, 기존 것과 비교 좀 해봐."

"네? 부장님, 새롭게 업데이트하느라 기존 자료가 없는데요?"

"뭐? 기가 막히는군. 자네는 보고서의 기초도 모르나? 당연히 Revision 관리해야지. 썩 나가!"

송 대리는 생각한다. '내가 도대체 뭘 잘못했지?'

7. 스토리가 없는 보고서

발표를 하면 준비 부족, 두서 부재, 모호한 스토리텔링으로 꾸중을 듣는다.

신제품 A 마케팅 발표 시간. 준비한 프레젠테이션을 화면에 띄우고 발표한다. 한참을 발표했는데, 팀장이 핸드폰에만 집중하고 있다. 내 자료를 봐 주었으면 하는 안타까움이 밀려든다. 결론을 발표할 즈음에 팀장이 묻는다.

"자네, 무슨 발표를 이렇게 하나?"

"(당황하면서) 예?"

"그래서 결론이 뭔가?"

"신제품 A에 대하여 3C, 4P 분석을 한 결과 고객과 경쟁사는…"

"(말을 자르며) 그런 학문을 누가 모르나? 실제적인 마케팅의 구체적인 방법이 없잖아."

"마케팅은 저희 대리점 200개소를 통하여 실시하는 것으로써…"

"자네, 발표의 기초도 모르나? 첫 장에 결론을 두괄식으로 요약하고, 향후 방향성을 분석하여 로직트리 방식으로 전개하고, 마케팅 전략을 세분화하여 구체적으로 펼쳐야 스토리가 있는 것이지. 내가 대학 강의

들으러 왔나? 마케팅의 기초를 바쁜 내가 왜 들어야 하는가? 발표 연습도 하나도 안 된 것이 역력하고. 두서도 없고. 휴~ 전부 다시 만들어서 내일 동시간에 다시 발표해. 김 과장은 퇴근하지 말고 함께 코칭하고. 자네, 못하겠으면 시말서를 준비해 와. 알겠어?"

핸드폰만 보면서 집중하지 않던 팀장이 갑자기 왜 나한테 신경질을 내지? 나 원 참.

8. 스탠스가 없는 보고서

상사가 의사결정을 하기 직전, 내 의견과 결론을 묻는 순간에 갑자기 멍해진다.

직원평가 방안을 보고하러 사장실에 들어섰다.

"금년도 직원평가 방안을 보고하고자 합니다."

"어, 인사팀장. 어서 와."

사장님은 꼼꼼히 결재문서를 살핀다.

"직원평가는 업적, 역량, 다면평가를 적용하여 평가하고자 합니다."

"그래, 직급별로 평가 비중이 다른가?"

"네, 사원은 40%, 50%, 10%이고, 대리급은 (중략), 간부급은 70%, 20%, 10%입니다."

"그렇다면, 내가 결정할 안건은 무엇인가?"

"금번 인사평가에 대한 직원들의 설문조사에서 간부급의 업적평가

70%는 너무 높다는 의견이 있어서 조율이 필요합니다."

"(눈빛이 빛나며) 그래? 그렇다면 인사팀장 자네의 의견은 어떠한가?"

"(엥? 그걸 왜 나에게 묻지?) 저는 의사결정을 받는 입장이라서, 제가 생각한 의견은 없습니다."

"인사팀장이 명확한 스탠스가 없는 의결을 사장인 내가 어떻게 하라는 것인가? 이 분야에서는 자네가 최고의 전문가 아닌가? 이런 의결을 가져오려면 현업의사를 논리적으로 생각해서 보고해야지. 다시 의견을 확인해서 가져와. 알겠나?"

내가 사장도 아닌데, 왜 나에게 의사결정을 되묻는 걸까?

9. 두서없는 보고서

나는 장문으로 섬세하게 작성하고 싶은데, 1, 2, 3 단문으로 표현하라고 한다.

나는 법학을 전공했고, 한자 1급 자격을 보유했고, 강력한 논리와 탁월한 필력이 특기다. 팀장이 호출하여 갔더니 내가 올린 기안서가 결재판 위에 있다.

"(손가락으로 지문을 가리키며) 자네, 이것이 무슨 한자인가?"

"(빙긋 웃으며) 네? 適宜措置(적의조치)입니다. 법이나 근거에 따라서 알맞게 조치한다는 의미입니다."

"그래, 자네의 한자 실력은 잘 알겠어. 총무팀에서 고객 장례식에 나갈 조화를 보내는데, 조화를 적의조치 해 달라는 단어가 어울리는지를 묻는 것일세."

"(웃음기가 사라진다) 네? 즉시 조치하라는 의미로 썼습니다만."

"그럼, '즉시 협조 바랍니다'라고 쓰면 되는 거잖아. 쉽게 쉽게 써라. 그리고 조화를 보낼 장소, 일시, 상주명은 왜 기재를 안 했는가? 그것이 제일 중요한데."

"아, 그것은 전화로 총무팀에 얘기해 두었습니다. 그리고 비고란에 장소는 일산이고, 10월 3일에 도착해야 하고, 사장님 명의로 해야 하고, 상주는 김○○님을 기재하였습니다."

"직장에서는 글을 쓸 때 자네처럼 멋부릴 시간이 없네. '1. 일시, 2. 장소, 3. 상주명'만 기재해서 누구든 보면 한눈에 알아볼 수 있도록 해야 하네. 글을 길게 쓴다고 명문이 아냐."

내가 법학 전공이라서 질투가 나는 것인가? 한자 좀 썼다고 뭐라 하는 것인가?

10. 결론, 숫자, 일정 없는 보고서

결론, 숫자, 일정이 없는 보고서는 검토할 가치가 없다며 꾸중을 듣는다.

휴게실에서 커피를 마시고 있는데 팀장이 카톡을 보냈다. 어제 올린 A 장비 발주 기안에 대해 얘기하려나 보다.

"김 대리, 자동밴딩머신 기안 잘 봤는데, 중요한 내용이 빠졌어."

"(긴장하며) 네? 무슨?"

"자네 직장생활 원-투데이 하나? 현장의 반장들이 밴딩에 소요되는 인력이 과다하여 설비를 요청한 건데 뭐하러 이렇게 주절주절 한 장을 다 채웠나? 배경은 리드타임 감소라고 간략하게 쓰고, 정작 중요한 설비명, 설비투자금액, A, B 안건 및 대안, 설비도입 시 유형효과 몇 억, 그리고 설비투자에 대한 ROI가 얼마인지를 써야지."

"네… 저희가 자주 사용하는 설비제조사로 했고, 뒤에 팸플릿이 첨부되어 있으며…"

"그걸 누가 모르나? 숫자로 정량적인 표현을 하라는 말일세. 그리고 내가 사장님께 의사결정을 받을 수 있도록 A, B 안건을 도출하라는 얘기이고. 또한 안건별 금액과 함께 얼마나 유용한지 효과금액과 그로 인해 설비투자비를 몇 년 내 회수할 수 있는지를 적어주어야 사라 마라 할 것 아닌가? 구입하기 싫어? 그리고 일정은 왜 없나? 언제 기안하고 발주내서 입고시킬 거야?"

이렇게 하려거든 치킨집을 차리라는 팀장의 일갈에 고개를 숙인다. 나는 왜 이럴까?

목차

1장 고객의 머리를 청명하게 만드는 보고서

01 언택트 직장생활의 꽃, 촌철살인 보고서 ········ 020
직장인에게 보고는 언제나 두려움의 대상이다 | 과연 언택트한 시대에도 보고서가 필요할까? 물론이다 | 비대면 사회에서 더욱 중시되는 것은 촌철살인 보고서다

02 제발 상사의 원츠와 시간을 배려합시다 ········ 025
상사의 원츠를 꿰뚫는 보고서 한 장이 필요하다 | 요약보고서로 상사의 부족한 시간을 절감해 준다 | 상대를 배려한 보고서는 결국 내 미래역량을 증진시킨다

03 내 보고서는 100년 후에도 나다워야 한다 ········ 030
마이웨이 보고서. 타인과 차별화해야 한다 | 결-기승전, 보고서는 한눈에 요약해 주어야 한다 | 업무종결을 숲에서 나무로 전개한다_ 스케줄보드

04 스토리를 간직한 보고서는 못 해도 중간은 간다 ········ 036
결재자가 이미 승인할 준비가 되어 있어야 한다 | 스토리가 있는 보고서는 적어도 중간은 간다

05 글은 공대생처럼 단순하게 써야 한다 ········ 041
보고서는 개조식으로 요점만 표현한다 | 범주화로 문장을 한 번 더 요약 정리한다 | 우선순위로 사안의 중요도를 착하게 표현한다

06 완벽한 보고서는 질문이 필요 없다 ········ 045
근거, 숫자, 그래프를 활용하여 질문을 사전 차단한다 | 의사결정을 위한 데이터는 질문이 필요 없어야 한다

07 한눈에 엄지척. 핵심을 꿰뚫는 단도직입 보고서 ········ 050
제목: 한눈에 전부를 알 수 있어야 한다 | 거버닝 메시지: 핵심내용을 꿰뚫어서 표현한다

08 보고서에 센스를 입히다. 주의력 결핍 시대의 보고서 ········ 054
답답하지 않도록 결론부터 1, 2, 3 보고한다 | My Stance: 내 결론은 가지고 보고한다 | 보고서를 송부하면 끝이 아니라, 확인해야 끝난 것이다

2장 고객의 가슴을 자극하는 보고서

09 이 보고서를 왜 시작했는가가 중요하다_ Background ········· 062
충성! 보고서의 시작을 신고합니다! | 보고서의 배경을 3가지의 사고, 스킬, 툴로 정립한다

10 중복, 누락 없는 논리로 단번에 통과해야 한다_ MECE ········· 068
"이게 최선입니까?"의 질문에는 MECE가 답이다 | MECE를 편안하게 활용하는 프레임워크를 소개한다

11 매력적인 근거가 있어야 고객이 안심한다_ So What, Why So ········· 074
So What, Why So는 검증과 근거의 기본기다 | So What, Why So에 MECE를 함께하면 완성본이 된다

12 프로젝트의 숲을 보고 나무를 어필한다_ Order List ········· 079
왜 상사들은 별일 아닌 일로 불같이 화를 낼까? | 내가 가진 업무의 진척도를 오픈하면 오해가 사라진다

13 보고서의 중요도를 한눈에 도식화한 4-Block Diagram ········· 084
과제 수행할 보고서들을 4개 분면에 그룹핑한다 | 중요하고 긴급한 프로젝트를 우선적으로 수행한다

14 보고 전쟁의 승리 전략 주간업무계획서_ Weekly Scheduler ········· 088
주간업무계획서는 전략적 활동의 지침서다 | 코칭다이어리는 전략적 코칭의 나침반이다

15 오마주한다. 한 사람을 위한 보고서_ VIP Order List ········· 092
오직 한 사람만을 위해 리스트를 만들어보자 | 일의 맥을 잡아주세요 _ 이정표

16 100장을 한 장에, 천 마디를 한 줄로_ One Page Proposal ········· 097
간결하게 처리한다고 영혼까지 없으면 곤란하다 | 한 페이지에 요약해도 핵심은 살아있어야 한다

3장 미흡한 보고서와 좋은 보고서

17 세상에 나쁜 보고서는 없다 ······ 104
불성실한 태도가 부실한 보고서를 양산한다 | "내 말뜻 알지?"는 이미 오답으로 가는 지름길이다 | 치열한 질문 없이 섬세한 보고서는 창출되지 않는다

18 상대를 안락하게 만드는 것이 좋은 보고서다 ······ 111
지시자와 같은 편이 되어 작성한다 | 최종고객을 간파하여 지시자를 아우른다 | 가장 선명한 언어인 숫자로 종결한다

19 미흡한 보고서와 완성된 보고서 예제 ······ 118
가장 어렵지만 지속적으로 작성해야 하는 보고서

I. History 분석 ······ 124

II. 외부환경 분석 ······ 132

III. 내부역량 분석 ······ 142

IV. 비전(Vision) ······ 150

V. 중장기 경영계획 ······ 158

4장 내 인생을 빛나게 하는 자기계발 보고서

20 자기계발 보고서 예시 ······ 168

21 어떤 죽음을 맞이할 것인가?_ My Obituary ······ 170

22 굴곡진 내 삶을 그려볼까?_ My Life Graph ······ 172

23 올해 자기계발 지침서_ Self Development Plan ······ 174

24 10년 단위 삶을 위한 계획_ Career Roadmap ······ 176

25 내 인생 30가지 버킷리스트_ Bucket List 30 ······ 178

26 매년 업데이트하는 경력기술서_ Career Certificate ······ 180

27 자기계발을 프로젝트화 하는 디지털 서재_ Digital Library ······ 182

28 연휴를 후회 없이 보내기_ To Do & Done List ······ 184

부록 기업의 난제 풀이 보고서 예제 30선

1장

고객의 머리를 청명하게 만드는 보고서

01

언택트 직장생활의 꽃, 촌철살인 보고서

직장인에게 보고는 언제나 두려움의 대상이다

보고는 외부상황을 감지하고 공유하기 위해서 반드시 필요한 직장의 언어이다. 우리를 둘러싼 외부환경은 급변한다. 경쟁자들이 매일 쥐어짜는 채근 속에서 신규 아이디어로 시장 창출, 사업 전환, 전략 수립을 하기 때문이다. 이런 변화는 우리에게는 상당한 위협으로 다가온다. 보고는 그런 상황을 감지하여 공유함으로써 상사의 의사결정과 전략 수립을 할 수 있는 초석이 된다. 아울러, 보고는 내부인원에 대한 관리차원(규정, 근태, 부하량, 성과 등)과 외부환경의 사업차원(원가, 매출, 투자, QCD, Risk)에서 문제 인식 및 해결을 위한 첫 단추가 된다.

요즘에는 10년 이상이면 장수기업이라고 할 정도로 기업 수명이 현저히 낮다. 급변이 일상화되고, 파괴적 혁신이 어디에서 튀어나올지 알 수 없기 때문이다. 서서히 죽는 것이 아니라 급사하는 것이 요즘의 기업이다. 외부에 민감하다는 것은 그만큼 긴장도가 높다는 것이고, 보고가 탁월한 기업은 유기적인 정보력을 바탕으로 수명을 연장할 수 있다.

소통은 360도 다원 형태이지만, 보고는 대체로 수직적이다. 그러나 요즘 직장생활은 상사에게만 배우지 않는다. 오히려 부하직원의 보고가 새로운 지식을 쌓는데 엄청난 도움이 된다. 보고報告는 지식의 보고寶庫이다. 보고를 하다 보면 수평적으로도 공유해야 할 경우가 생기는데, 그런 경우에는 보통 유관자에게 참조로 전한다. 즉, 보고는 360도 다원의 형태도 갖는다. 대외비의 성격을 제외하고, 유관자들에게 신속한 공유를 하는 것도 중요하다.

대부분 소통은 언어로, 보고는 문서로 표현되며, 둘 다 공유의 성격을 갖는다. 보고력을 갖춘 직장인이 패퇴하는 경우는 거의 없다. 직장에서 보고를 잘한다는 것은 다면 소통에 능하다는 의미이기 때문이다.

그러나 직장인에게 보고는 언제나 두려움의 대상이다. 각종 설문조사에서는 직장인의 80%가 보고에 대한 스트레스를 받는다고 답했다. 준비에 의한 긴장Tension과 함께, 추가적인 업무Homework가 파생되기 때문이다.

보고를 하고 나면 홀가분해지면서 내 책임이 사라지는 듯한 느낌이 들기도 한다. 칭찬이라도 받는 날에는 기분이 들뜨고, 괜히 점심 식사를 쏘기도 한다. 얼핏 평가는 성과와 역량의 토대이므로 보고를 잘하는 것과는 상관이 없어 보인다. 그러나, 보고가 점차 쌓이면 평가곡선을 긍정적인 방향으로 끌어 올린다.

보고가 왜 성과를 낼 수 있게 만들까? 그 이유는 대부분의 직장인은 자발적으로 업무추진을 완수함에 한계가 있기 때문이다. 예를 들어, 내가 상사에게 중간상황을 보고하면 그는 조언과 코칭, 재촉을 통해 정해진 기한 내에 성과를 완수하게 돕는다. 이런 면에서 상사에게 보고를 함으로써 책임이 명확해지고 내가 볼 수 없었던 전략의 모순과 부족함을 깨닫게 된다. 그러면 성과가 더 진일보할 수밖에 없다. 즉, 보고는 종종 성과를 이루는데 마중물이 된다. 그로 인해 나타난 말과 행동이 결국 성과물로 평가를 받게 되므로, 보고에 충실하면 대부분 출세가 빠르다.

과연 언택트한 시대에도 보고서가 필요할까? 물론이다

코로나19와 보고서는 어떤 연관성이 있을까? 과연 언택트한 시대에도 보고가 필요할까? 불행하게도 매우 그렇다. 아시다시피 2020년부터 본격화된 코로나19의 기세가 꺾일 줄 모른다. 전 세계 코로나 확진자가 2억 2,000명에 육박한다(2021. 9월 누적). 백신이 있다고 해도 변종 바이러스에 대한 공포는 길게는 수년간 지속될 것으로 전문가들은 예견한다.

팬데믹한 질병으로 인해 접촉을 피하는 언택트한 세상으로 개편되면서, 대면이 중시되는 소상공인의 종목은 폐업 위기의 직격탄을 맞고 있다. 대부분의 기업들도 사내 환경안전 시스템을 강화하고, 재택근무를 시행하는 등 비대면 직장생활을 유도하고 있다. 특히 대기업의 직원들은 수시로 재택근무를 하면서, 78%는 협업 툴을 이용한다(출처: 한국경영자총협회). 이제 직장생활이 비대면으로 가능할까 하는 생각은 우문愚問이 되었다. 각종 ERP 시스템, 협업 툴(네이버웍스, 잔디, 카카오워크 등), 화상회의(Zoom, Hangouts, MS팀즈 등), 영상통화를 통해서 회사에 나오지 않고도 재택으로 업무를 진행할 수 있는 시대가 된 것이다.

그렇다면 이런 언택트한 시대에 왜 보고서가 필요할까? 회사에 근무하지 않으면서도 일, 주, 월 단위 업무 내용과 성과를 표현해내야 하기 때문이다. 보고서가 없으면 월급을 지급할 증거와 가치가 없게 된다. 즉, 코로나 시대의 직장에서는 더욱더 보고 활동을 강화할 수밖에 없다.

비대면 사회에서 더욱 중시되는 것은 촌철살인 보고서다

보고의 형태는 언言, 문文, 행行으로 나뉘는데, 재택상황에서는 조직원의 대면보고를 받기 어렵기에 언문이 중요해진다. 결국 행동을 통해 상사에게 직접 보고하는 형태는 감소한다는 의미이다.

사실 우리는 흔히 대면보고를 할 때에도 문서를 만들었다. 문서와 함께 설명을 하면 일목요연, 시간 단축, 아이디어 Add, 수정·첨삭이 용이하기 때문이다. 비대면보고는 더할 나위 없이 필요한 것이 언문言文이다. 특히 지식노동자의 직장 일은 행동으로 정리된 일들이 말보다는 문서로써 종결되는 경우가 다반사이다. 언택트한 시대에는 SNS, 이메일, ERP, 밴드 등 톡방이 일상화되면서, 업무의 히스토리History를 상시 추적할 수 있게 된다. 결국, 단톡방의 문자가 보고서로 대체되고 남는 것이다.

보고가 의무적이라는 의식은 구시대적이다. 이제는 상사가 원하는 정보를 요약하여 보고하는 기술을 가져야 한다. 현황파악 및 질문에 답변을 준비하는 수준은 수동적인 보고이며, 문제-원인-대안-해결까지 원스톱으로 정리하는 것이 능동적인 보고이다. 여러분이 상사라면 누구의 손을 들어주겠는가?

능동 보고가 일상화되면 업무의 질도 향상된다. 비즈니스를 보는 시각이 점점 다차원, 다방면, 심층적으로 파고들기 때문이다. 성과가 나도록 해야 한다는 책임감도 보고를 통해 무장하게 된다. 그 업무가 내 관할이면서 책임의식이 강화되고, 반드시 넘어야 할 허들hurdle에 대한 전략도 사전에 수립하게 된다. 보고 속에 일련의 해결 과정까지 말과 글 속에 녹아 상사의 뇌리에 전달되고, 그런 모습으로 인해 남들보다 우월한 평가를 받게 된다. 대면하지 않고 상사가 원하는 정보를 선명하게 그려내는 촌철살인 보고서가 더욱 필요한 시기이다.

02

제발 상사의 원츠와 시간을 배려합시다

상사의 원츠(Wants)를 꿰뚫는 보고서 한 장이 필요하다

본서에서 고객은 외부고객과 내부고객을 통칭한다. 직장에서의 고객은 우선 상사를 의미한다. 상사에게 보고서를 제출할 때에는 언제나 원츠를 생각해야 한다. 상사의 원츠는 곧 왜(Why)를 의미한다. 즉, 상사에게 중요한 왜(Why)에 대한 답이 그대로 기재되어 있어야 한다.

보고서 패착의 일순위는 My Why를 충족하려고 애쓰는 것이다. 내가 자료 증빙을 위해 많은 노력을 했고, 포토그래피 수준으로 이쁘게 디자인했으며, 많은 시간과 공을 들인 100장의 보고서는 상사에게 의미가 없다. 그 내면이 원하는 리포트를 꿰뚫는 보고서 한 장이 필요한 것이다.

보고 사례

박 팀장이 김 과장을 찾는다.

"어제 얘기한 'Z사 신축사옥 제안서' 말인데, 어떻게 되었나?"

"네, 지금 열심히 작성 중입니다."

"중간보고 좀 해봐. 본부장님이 궁금해하시니까."

"네, 이건데요. 첫 페이지가 정말 멋지지 않습니까? 멋진 그림표지를 넣었습니다. 두 번째에도 예쁜 이모티콘을 구해서 목차 하단부위를 장식했습니다. 세 번째에는 그러니까 본 프로젝트의 당위성을 삼각도형에 담아서 일목요연하게 표현했고, 네 번째 페이지에는 이렇게 우리가 나아가야 할 방향 설명을 다운받은 도표로 정리해 놓았으며…"

"휴~ (한숨을 쉬며) 김 과장, 결론이 뭐야? 예쁜 것과 우리 의견이 뭐가 중요해. 견적과 제안 안건이 중요하지. 제안 안건에는 고객이 흡족할 만한 A, B안을 선택하도록 만들면 되잖아. A안은 건축비 단가 5% 낮추는 것, B안은 단가를 3%만 D.C하고 지열 시스템을 설치하여 전기세와 난방비를 30% 절세하는 방안으로 만들라고 내가 얘기했잖아. 정작 핵심은 안 만들고 뭐 했어? 시간 없어 죽겠는데. 이봐~ 최 차장. 당신이 이것 좀 마무리 지어."

김 과장은 고객이 원하는 것이 아닌, 본인이 열심히 노력한 것에 중점을 둔 것이다.

요약보고서로 상사의 부족한 시간을 절감해 준다

고객의 원츠가 방향성이라면, 시간은 속도와의 전쟁이다. 특히, 직장생활에서 모든 상사는 항상 시간에 압박을 받는다. 그러므로 직장보고는 상사의 시간을 줄이도록 임팩트 있게 해야 한다.

구두 혹은 메시지로 보고하는 경우에는 배경과 핵심내용, 문제점과 해결점을 동시에 표현해야 한다. 내가 먼저 결론을 내리면, 상사는 그만큼 의사결정을 하기가 용이하기 때문이다. 내 스탠스Stance 없이 의사결정을 바라는 것은 낭떠러지에서 상사의 눈을 가리고 외줄을 타라고 재촉하는 것과 같다. 통상 그 문제는 담당자인 내가 현장의 사정과 함께 최적에 근접한 답도 알고 있기 때문이다.

갑자기 보고가 늦다고 화내는 상사를 본 적 있지 않은가? 그만큼 시간에 대한 압박을 견디고 있는 사람이 상사이다. 우산 역할을 하는 그가 없으면 내가 그 고통을 감내해야 한다고 생각해 보자. 상사에 대한 시간 배려는, 곧 이심전심이 되어 내 고과의 상향을 돕는다.

보고 사례

오전 8시. 주간 팀장회의. 본부장이 들어온다. 영화 〈타짜〉의 밑장빼기 한 장면처럼 긴장이 감돈다. 싸늘하다. 가슴에 비수가 와서 꽂힌다. 하지만 걱정하지 마라. 영업팀장들의 말은 보고서보다 빠르니까. 특히, 9시에는 본부장이 임원회의에 들어가야 하기에 시간이 없다. 즉, 본부장은 8시 팀장이 보고하는 자료를 들고 임원회의에 참석하려는 것이다. 본부장과 팀장 5명의 도합 100년의 직장 내공으로 총력하는 집단지성이기에 결국 바람과 같이 한 시간은 흘러갈 것이다. 본부장이 자료를 보자고 재촉한다.

"자, 봅시다. 첫 페이지에서 금주 영업수주 숫자가 도표상 가로세로 합계가 틀

린데?"
"네. 엑셀에서 소수점 단위가 틀린 것을, 파워포인트에 그대로 작성하여 그렇습니다."
"그럼, 엑셀에서 라운드업하여 맞추면 되지 않는가? 이런 것도 사전에 미리 못 맞추는가? 시간 없으니 우선 넘어갑시다. 그리고, 2페이지에 영업실적에 대하여 영업1팀 박 팀장부터 신속히 설명해 봐."
"네, 금주에 L사에 A, B안으로 견적을 진행하여 A안으로 25억을 수주했습니다. 그리고, 지난 목요일에 S사에도 방문하여 J타워추진안 관련하여 250억에 입찰을 제안했으며, 금일 결론이 나옵니다."
"그래 수고했어. 영업1팀은 넘어갑시다. 다음, 영업2팀 김 팀장. 우선 가장 중요한 것부터. K사에 그린산단 사업부지 조성안은 진행이 어떻게 되어가고 있는가?"
"(살짝 당황하며) 아, 네. 네. 그린산단에 대하여 컨소시엄사와 합동사무실을 추진하고 있습니다. 지난주에는 그러니까 설계업무를 진행하였고, 입찰 PT를 위한 자료도 준비 중에 있습니다. 그리고 자료에서도 보시듯이 내부투자심의를 위한 내용도 검토하고 있습니다."
"(답답한 듯 넥타이를 풀며) 그래. 그건 아는 내용이야. 구체적인 로드맵이나 마일스톤 만든 것은 없는가? 임원회의에 가서 내가 구구절절 설명할 수는 없잖아? 한 장에 요약된 일정표는 없느냐 말일세."
"아직 그건 만들지 못했습니다. 작성해서 별도로 보고드리겠습니다."
"참 답답하네. 자네 직장생활 1, 2년 하나? 30분이면 만드는 것을 준비 안 해서 내가 욕을 먹어야 하냔 말일세. 제발 좀 내 시간의 중요성을 생각해 줘."
어느덧 한 시간이 다 지났고, 본부장은 양복 상의를 입고 엘리베이터로 향한다. 긴장감으로 가득한 회의 끝에 망연자실한 영업2팀장이 서 있다.

상대를 배려한 보고서는 결국 내 미래역량을 증진시킨다

보고서를 많이 쓰는 것이 능사는 아니다. 그러나 많은 작문은 내 인생에 도움이 된다. "매일 일기를 쓰는 사람은 이미 미래에 뭔가를 이룰 사람"이라고 일본 최고의 작가 미우라 아야코Miura Ayako가 얘기했듯이, 과거를 분석할 수 있도록 기록하는 것은 미래를 통관洞觀할 수 있는 방법이기 때문이다.

보고도 마찬가지이다. 요약보고를 작성하다 보면 하루에 상당한 양의 글을 작문하게 된다. 그 글들은 내 업무보고(일일, 주간, 월간)에 근간이 되고 집약적으로 기재할 수 있는 밑알이 되곤 한다. 매일 쓰는 보고서 작문은 나에게 공적인 일기가 된다. 텍스트화된 일기를 매일같이 남김으로써 업무 진행의 일정 체크와 미흡했던 행동을 자각하고 자연스럽게 반성하게 되는 것이다.

내 미래역량은 다양한 보고의 기술을 활용하면서 부지불식간에 증진된다. 즉, 향후 동일한 문제점을 사전에 제어하면서 진일보한 예측력을 기르는 것이 보고서이다. 결국 억지로 작성하게 되는 보고서이지만 상대의 원츠와 시간을 배려하며 긴장감 있게 작성하다 보면 내 지식을 더욱 증진하게 되는 것이다.

03

내 보고서는 100년 후에도 나다워야 한다

마이웨이 보고서. 타인과 차별화해야 한다

요즘에는 표절검사를 통해 논문이 취소되고 학위를 잃는 일도 다반사이다. 직장에서도 보고서를 카피하면 스피드를 얻는 대신 창의성을 잃는다. 내 것 하나가 소중하지 타인의 열 가지는 나에게 의미가 없다. 보고서도 나만의 독특함이 중요하다. 나만의 목차, 전개, 그림, 폰트, 도표, 결과, 방향 등 누구든지 한눈에 '내'가 작성한 것임을 알아봐야 한다. 상사는 내가 만든 표지만으로도 안정감을 찾을 정도가 되어야 한다.

그렇다면 보고서 카피는 언제 필요한가? 내가 충분히 만든 보고서를 정리해 놓고 그것을 복사해서 써야 한다. 내가 만든 예제보고서를 카피해서 활용하라는 의미이다. 내가 만든 리포트 완성본은 잘 보관해두어

색인하고 로직트리 형태로 저장하여 향후 적시적소에 선별하여 인용해야 한다.

보고 사례

팀장이 정 과장을 찾는다. 정 과장은 보고서의 달인이다. 실적보고서는 본부장께 결재를 받기 위해서는 정 과장이 작성해야 한다고 팀장은 생각했다.

"김 차장, 어제 얘기한 실적보고 초안 어디에 있나? 정 과장이 작성 마무리했지? 가져와 봐."

"(결재판을 올리며) 네네, 여기에… 있습니다."

"어? 흐음, 이거 정 과장이 작성한 것 맞는가? 우선 서머리(summary) 시트가 없는데? 그리고 수주, 매출에 대한 숫자도 맞지 않아. 글씨체도 바탕체가 뭔가? 센스 없게. 글자 폰트도 너무 작아. 나도 잘 안 보이는데 본부장님은 돋보기를 써야 할걸세. 어? 그리고 이것 지난주 실적회의 자료에 있던 내용 그대로인데? 혹시 카피에서 쓴 것 아닌가? 김 차장, 도대체 이거 누가 작성했어?"

"그게, 정 과장이 와이프 출산 때문에 제가 작성했습니다."

"그래? 그럼 지난주 거 카피했어도 내용은 업데이트하고, 글자 폰트, 글씨체, 오탈자 잘 점검해서 다시 가져와. 보고서를 요약한 서머리 시트도 한 장 맨 앞에 넣고. 알겠나?"

팀장은 고개를 갸우뚱하면서 가는 것으로 보아 김 차장의 보고서를 믿지 못하는 눈치다. 아마도 여러분이 김 차장이라면 몹시 기분이 상할 것이다. 그렇다고 후임인 정 과장에게 모든 보고서 작성을 시킬 수는 없다. 내 보고서는 상사에게 '나다운' 신뢰를 주어야 한다.

결-기승전結-起承轉, 보고서는 한눈에 요약해 주어야 한다

말을 잘하는 사람을 자세히 보면 요약능력이 뛰어나다. 적시적소의 단어를 사용하고, 압축 정제된 키워드를 사용한다. 특히, 직장에서 말을 잘하는 사람은 결과를 먼저 얘기한다. "결론적으로…", "요약하면…", "즉답하면…" 등으로 청자를 집중시키고 핵심을 말한다. '결-기승전'은 훌륭한 화법이다. 결론부터 먼저 보고하려면 내가 그 결과를 알아야 하고, 기승전을 꿰차야 한다.

상사에게 보고할 때 어떤 경우에 내 말에 힘이 솟던가? 내가 사안의 본질을 꿰뚫고 정량적인 결론을 내렸을 경우이다. 모든 보고서의 핵심은 결론Head-line이 우선해야 한다. 결과를 미리 얘기하여 꾸지람을 듣는 경우는 거의 없다. 결론을 맨 앞장, 맨 위에, 키워드로 작성하여 상사의 눈에 꽂히게 해야 한다.

보고 사례

회사의 시공현장에 안전사고가 발생했다. 본부장은 긴급하게 시공현장 소장을 불렀다. 소장은 사고경위서를 손에 쥐고 보고를 시작한다.

"그래, 장 소장. 고생 많지? 현장에 시공자의 낙하사고가 발생했다는데 무슨 일인가?"

"네, 본부장님. 진실로 송구합니다. 불미스러운 일로 A프로젝트 신축현장에 안전사고가 발생했습니다. 제 불찰입니다. 죄송합니다. 사고경위서를 보아 주십

시오. 어제 일용직인 김○○ 씨가 15시 30분경에 신축건물 3층에서 비계위에 올라가서 전선풀링작업을 하던 중 전선트레이를 잘못 디뎌서 낙하하게 되었습니다. 불안정한 상태는 비계위가 매우 미끄러웠다는 점과, 불안정한 행동은…"

"(몹시 답답해하며) 지금 육하원칙이 중요한 것이 아니잖나. 그다음은 어떻게 되었어?"

"네, 현장에서 곧바로 응급차량을 불렀으나, 시간이 지체되어 제 차로 인근 A병원으로 갔습니다. 그리고 골반과 척추, 왼팔을 다쳤습니다."

"(슬슬 화가 나서) 그래서, 얼마나 다쳤어? 향후에 문제되는 것은 없는가? 답답하네. 결론만 보고해 봐."

"네, 골반은 좌골반이 그러니까 약간 탈골되었고, 척추 3번이 금이 갔으며, 왼팔은 그러니까 골절은 아니고…"

그때 보다 못 한 안전관리자 김 대리가 보고를 마무리한다.

"본부장님, 김OO 씨는 한 달이면 치료가 가능하다고 하고, 후유장애는 없을 것으로 주치의가 판단했습니다. 본인도 안전사고의 잘못을 인정하고 있으며 건강하게 회복 후 퇴원하겠다고 했습니다. 본 사고의 가장 큰 원인은 본인이 안전로프를 장착하지 않았기 때문입니다. 향후 이런 불미한 일이 없도록, 안전로프 체결 후 복명복창을 하게 함으로써 현장의 안전관리에 만전을 기하도록 하겠습니다."

"그래, 김 대리. 잘 알았어, 장 소장도 제발 결론부터 얘기해. 속 터져 죽겠어. 그리고 사고경위서도 맨 위에 사고자의 건강상태부터 기재해 줘. 그것이 제일 중요한 것 아닌가?"

결국 본부장이 가장 중시하는 것을 현장소장은 꼬집어 요약하지 못했다. 이렇듯 답답한 상황을 만들지 않으려면, 가장 중요한 결론을 헤드라인에 기재하고 표현해야 한다.

업무종결을 숲에서 나무로 전개한다 _ 스케줄보드Schedule board

보고서를 타인보다 독특하게 만드는 방법 중 하나는 업무종결을 조망하여 표현하는 것이다. 상사는 항상 멀티플한 업무로 인해 뇌의 70%는 혼란 속에 산다. 내가 생산한 자료 A를 그의 머릿속에 잠시 넣었다가 잽싸게 지우개로 스~윽 지워야 한다. 여기서 지운다는 말은 더는 상사가 A라는 화두로 나를 찾지 않게 되는 '일의 종결'을 의미한다.

그렇다면 상사의 머리에 어떻게 넣어 줄 것인가? 전체를 조망하는 스케줄보드가 필요하다. '아, 이것 때문에 지시를 했었지'라며 상사가 지시했던 과거를 끄집어내는 배경으로부터 시작해야 한다. 그리고 정리 방향과 결론을 보여 주면 된다. 스케줄 전개를 도식화하면 상사는 신속히 이해한다. 스케줄보드를 항상 사용하면 상사는 루틴한 프로세스로 인식하게 되고, 결국 작성자도 시간을 절감하게 된다.

보고 사례

기획팀장이 김 차장을 불렀다.

"김 차장, 사실 우리 기획실에 너무 많은 신사업이 의뢰되어서 정신이 없어. 어제도 말레이시아 쿠알라룸프르 태양광100MW 추진사업펀딩에 대한 사업분석을 영업팀에서 의뢰를 해 왔어. 우리가 자원이 한정되어 있는데, 신사업을 전부 추진할 수 없지 않은가? 이런 상황에 적합한 사업타당성을 구체화할 수 있는 프로세스를 만들었으면 해. 자네가 좀 작성을 해 줘."

"네, 팀장님. 하지만, 신사업 프로세스는 너무 방대합니다. 언제까지 해야 합니까?"

"우선 내일 15시에 사장님이 주관하는 전략기획회의에서 언급이 있어야 할 것 같아."

"팀장님, 너무 촉박한 시간이지만, 간략한 스케줄보드라도 작성하겠습니다."

김 차장은 한 시간 후 스케줄보드를 작성하여 팀장에게 보고했다. 3월 5일까지는 프로세스를 완성하겠다는 일정이 포함된 일목요연한 자료였다. 팀장은 안도감 속에 회의에 참석했다.

스케줄보드 예제

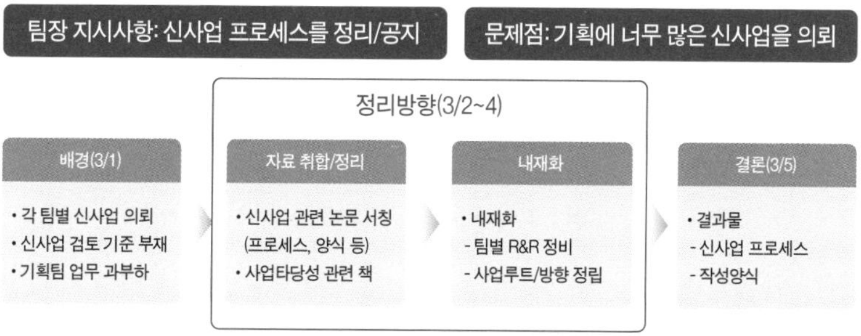

04

스토리를 간직한 보고서는 못 해도 중간은 간다

결재자가 이미 승인할 준비가 되어 있어야 한다

보고서를 구조화하면 상대방은 피로감이 현저히 줄어든다. 우리의 뇌는 반복되는 것을 즐기기 때문이다. 개그프로그램에서 폭소 타이밍은 대부분 기존에 웃겼던 언어나 행동에서 반응한다. 유튜브로 과거의 명품 개그 코너를 보면, 전주와 동일한 유행어, 애드리브, 춤, 그루브에서 빵 터진다. 그 이유는, 관중이 이미 웃을 준비가 되어 있기 때문이다. 이런 동일한 구조는 개그뿐만 아니라 보고서에서도 통용된다. 내가 작성한 보고서는 이미 결재자가 흔쾌히 승인을 할 준비가 되어 있어야 한다.

그렇다면, 어떻게 보고의 구조를 갖춰야 하는가? 물이 흐르듯이 유연하게 스토리가 있는 구조로 만드는 것이다. 상대방이 관객이자 독자라고 생각하고 영화나 소설을 보듯이 자연스럽게 이해할 수 있도록 배경, 문제점, 원인(해결), 계획수립, 의사결정의 순으로 정리한다.

❶ 배경을 넣는다

사장이 임원 미팅을 소집하면 임원들은 사장의 의중 파악을 위한 사전 미팅과 사후 미팅을 한다는 우스갯소리가 있다. '왜 미팅을 소집했을까?' '어떤 이유로 그렇게 지시했는가?' '사장이 생각하는 궁극의 결론은 무엇인가?' 이렇듯 배경은 상사의 의중 파악과 보고자의 보고 방향을 사전에 관통Align하는 화살과 같다. 배경은 이야기를 시작하는 글머리 역할을 한다.

❷ 문제(현상)를 파악한다

대부분의 일은 플러스 요소와 함께 마이너스가 존재한다. 세상에 거저먹는 사업이란 없다. 어떤 업무도 수익과 함께 반대급부적인 요소가 있다. 그것은 현상, 문제점, 리스크, 허들, 체크사항, 사전 검토사항 등이다. 문제는 반드시 팩트fact를 가감 없이 발췌해야 하며, 문제가 부재한 일은 보고의 가치가 없다.

❸ 원인을 적출한다

문제에는 항상 발생 원인이 있다. 그 원인을 알아야 해결책을 찾게 된다. 문제는 즉시 답을 찾아야 하고(즉문즉답), 현장의 문제는 그곳에 답이 있다(현지현물). 근본적인 원인은 5번을 심층적으로 문의하는 5Why

기법을 활용하면 답이 나온다. 이것은 문제가 발생할 때마다 연속하여 발생 이유를 질문하여 근본 원인을 찾아내는 문제 해결 기법이다.

예를 들어, 집에 있는 의류관리기기인 스타일러가 가동이 안 되어 A/S를 불렀다면, 기계 점검을 마친 전문가가 걱정스러워하는 내 질문에 이렇게 답변과 해답을 제시할 것이다. 모터를 통째로 교환하는 대수술을 할 수도 있고, 퓨즈만 교체함으로써 무료로 해결할 수도 있다.

5Why 예제

구분	왜?(내 질문)	전문가의 답변		
		원인	해결	비용
Why 1	왜 스타일러가 정지했나?	모터 과부하이다	모터 교환	50만 원
Why 2	왜 과부하가 걸렸나?	윤활유가 부족하다	윤활유 Box 교환	20만 원
Why 3	왜 윤활유가 부족했나?	자동주유가 안 되었다	자동주유기 교체	10만 원
Why 4	왜 자동주유가 안 되었나?	점검센서가 고장났다	점검센서의 교체	5만 원
Why 5	왜 점검센서가 고장났나?	퓨즈 교체시기 5년 도래	퓨즈 교체(무상)	무료

❹ 계획을 수립한다

해결방안에 대하여 전체적인 일정을 수립한다. 주로 간트 차트로 일목요연하게 표현하면 되고, 기본 골격은 날짜, 업무, 내용, 담당, 완료 여부를 표현하면 된다. 이정표Milestone가 세워지기 위해서 일정은 반드시 포함되어야 한다.

예를 들어, 팀장으로부터 영업팀 '하반기 목표달성 워크숍'의 진행 일정을 수립하는 오더를 받았다고 하면 어떻게 정리해야 하는가? 단순히 텍스트로 정리하는 것보다는 다음과 같이 도표를 이용한 간트 차트를 만들면 이해가 쉽다.

일정표 예제

순번	구분	내용	담당	주요 일정(10월)			
				1주차	2주차	3주차	4주차
1	기획안 작성	워크숍 기획안 작성	김 과장	5일			
2	행사 준비	워크숍 준비(장소 섭외 등)	박 대리		10일		
3	워크숍(1일차)	상반결산 및 하반목표 설정	김 과장			22일	
4	워크숍(2일차)	목표달성 산행 및 래프팅	김 과장			23일	
5	워크숍 보고	워크숍 결과 보고	정 팀장				30일

❺ 의사결정을 넣는다

그냥 보고만 하는 것은 카톡으로도 충분하다. 중요 사안은 보고서를 작성하고, 결론의 도출을 위해 의사결정이 필요하다. 의사결정을 하기 위해서는 명분과 실리(비용 절감 내지 편익)에 대한 내용이 수록되어야 한다. 아울러, 현업 의견과 최종결정자의 의결로 구분한다. 결재를 받으면서 결재자의 의견을 메모 형태로 기재하는 것도 일상적인 방법이다. 의사결정을 하기 위해서는 이런 4가지의 핵심적 요소(배경, 문제, 원인, 계획)가 필요하다.

스토리가 있는 보고서는 적어도 중간은 간다

이렇게 내가 만드는 보고서는 항상 5가지를 구조화하여 작성하면, 상사의 질문이 줄어든다. 스토리에 의거한 전개로 인해 이해가 쉽고 문제 해결과 최적안을 도출할 준비가 되기 때문이다.

예를 들어, '기획팀의 신사업 추진에 대한 프로세스 만드는 것'을 스토리보드로 전개해보자. 아래의 도표와 같이 작성하게 된 배경, 문제점 분석, 원인과 해결, 향후 계획, 결론으로 전개된다. 모든 일은 순리대로 풀어나가는 것이 가장 콤팩트하고 스피드하다. 구조화가 안 된 보고서는 두서가 없고, 설득력이 부족하며, 결론이 없어 결재사인만 득했지 아무런 가치편익이 발생하지 않는 경우가 허다하다.

스토리보드 예제(신사업 추진 프로세스 정비)

배경	문제(현상)	원인	계획	결론
• 각 팀별 신사업 의뢰 • 무분별한 사업검토 • 신사업검토 기준 부재	• 사업타당성 분석 부재 • 기획팀 업무 과부하 • 검토 부재한 의사결정	• 신사업 검토부서 부재 • 검토 프로세스 부재 • 사업타당성 교육 부재	• 유관자료 검토: 책 등 • R&R 현업미팅(1/10) • 기안품의 결재(1/12)	• 기안품의 결과물 - 신사업 프로세스 - 검토의뢰 작성양식

05

글은 공대생처럼 단순하게 써야 한다

보고서는 개조식으로 요점만 표현한다

보고서의 고객은 직장상사이다. 상사는 짧고 명료한 것을 원한다. 특히 대한민국의 임원은 하나같이 성질이 매우 급하다. 모든 일을 함축적으로 받길 원하기에 글도 토막쳐서 단번에 이해할 수 있어야 한다. 그래서 보고서는 글을 쓸 때 번호를 붙여서 중요한 요점과 단어를 나열하는 방식인 개조식으로 써야 한다. 먼저 일반적인 문장을 보자.

일반적인 문장

금일 업무보고를 드립니다.
C업체에서 D과장이 12시에 다녀갔습니다. 사업F와 관련하여, 입찰컨소시엄을 함께하자는

의견을 나누었습니다.
18시에는 미국에서 온 마이크 씨의 내사 관련 석식 준비를 했습니다.
L식당으로 19시에 예약했습니다.
아 참, 오전 9시경 A업체의 B차장에게 NDA를 이메일로 송부했습니다.
양사 MOU는 5월 10일 체결할 예정입니다.
사장님께서 지시하신 회사소개서를 17시에 작성하여 보고했습니다.
신규공장과 신제품을 추가하여 포함시켰습니다.
14시에는 G업체에 H제품에 대하여 사양서와 견적서를 작성하여 제출하였습니다. 이상입니다.

다음은 개조식 문장이다.

개조식 문장

금일 업무보고

1. 사업F 협의(C사, D과장, 12시 내방) → 함께 입찰컨소시엄 참여
2. 만찬 준비(L식당, 19시, 美 마이크 내방)
3. NDA 이메일 송부(A사, B차장, 9시) → 5월 10일 양사 MOU 체결 예정
4. 회사소개서 리뉴얼분(신규공장, 신제품 추가) 사장님께 17시 보고 완료
5. H제품 사양서 및 견적서 제출(G사, 14시)

범주화로 문장을 한 번 더 요약 정리한다

범주화란 비슷한 성질을 가진 것을 일정한 기준에 따라 하나의 종류로 묶는 것을 의미한다. 가령 기준을 정해 표현을 단순화하던가, 시간순으로 배열하여 내용을 정렬하는 것이다. 보는 이로 하여금 문장이 짜임새 있게 정리되어 있을 뿐만 아니라 요점만 확인할 수 있어야 한다. 내가 글로 표현하는 순간 고객은 상대방이다. 그가 재빠르게 이해할 수 있

도록 내가 글을 쓰는 것이다. 그렇다면, 개조식에서 멈출 것이 아니라 범주화까지 해주어 내 글을 그의 의식 속에 친절히 넣어주어야 한다. 개조식의 문장을 한 번 더 범주화한 예제이다.

범주화 문장

금일 업무보고(시간순)

09시. NDA 이메일 송부(A사 B차장), 향후 양사 MOU 예정(5월 10일)
12시. 사업F 입찰컨소시엄 참여 협의(C사 D과장 내방)
14시. H제품 사양서 및 견적서 제출(G사)
17시. 회사소개서 리뉴얼분(신규공장, 신제품 추가) 사장님께 보고 완료
18시. 만찬 준비(L식당, 19시, 美 마이크 내방)

금일 업무보고(업무별)

1. 사업별 진행사항
   1) A사(B차장): NDA 이메일 송부 완료, 양사 MOU 예정(5월 10일)
   2) C사(D과장): 사업F 입찰컨소시엄 참여 협의
   3) G사(H제품): 사양서 및 견적서 제출
2. 기타사항
   1) 회사소개서 리뉴얼분(신규공장, 신제품 추가) 사장님 보고 완료
   2) 만찬 준비(L식당, 19시, 美 마이크 내방)

우선순위Priority로 사안의 중요도를 착하게 표현한다

범주화로 상대방을 배려했다면 좀 더 친절하게 만드는 방법은 없을까?

사안의 중요도를 표현하면 된다. 가령 필자도 매주 주간 단위 업무보

고를 한다. 일주일은 긴 시간이지만, 바쁜 일상에서는 짧게 느껴질 수밖에 없으므로 집중해야 한다. 주간에 가장 중요한 것이 무엇인가? 아래 예제처럼 우선순위를 매기면 된다. 짧은 5일간 단 3가지만 마무리한다는 각오를 해보자. 그 3가지를 구체적으로 명기하여 주중에 반드시 완료하면, 1년 53주간 159개(53주x3)의 성과를 창출할 수 있다. 이렇듯 우선순위 문장은 중요도를 각인할 수 있는 동시에 상대방의 조력을 요청할 수 있는 일석이조의 효과가 있다.

우선순위 문장

금일 업무보고[중요도 우선순위]

[3] 09시 NDA 이메일 송부(A사 B차장), 향후 양사 MOU 예정(5월 10일)
[1] 12시 사업F 입찰컨소시엄 참여협의(C사 D과장 내방)
[4] 14시 H제품 사양서 및 견적서 제출(G사)
[2] 17시 회사소개서 리뉴얼분(신규공장, 신제품 추가) 사장님께 보고 완료
[5] 18시 만찬 준비(L식당, 19시, 美 마이크 내방)

06

완벽한 보고서는 질문이 필요 없다

근거, 숫자, 그래프를 활용하여 질문을 사전 차단한다

"도대체 이유가 뭐야?"

"왜 자네는 그런 결론을 내렸어?"

이 질문은 내 보고서에 대한 질타를 위해서가 아니라, 근거(당위성)가 부족하기 때문이다. 예를 들어 다음 페이지의 문장 중 생산량, 자살증가율, 상조 시스템에 대하여 근거가 명확한 것과 부재한 것을 비교해 보면 알 수 있다. 즉, 객관적인 근거는 보고서의 논리를 뒷받침한다.

(근거X) 전월대비 생산량이 한층 높아졌다.

(근거O) 제조지표분석 7월분에 의하면, 전월대비 생산량이 증가했다.

(근거X) 청소년 자살증가율은 대한민국이 OECD 국가 중 상위권이다.

(근거O) YBM뉴스(8/16)에 의하면, 대한민국 청소년 자살증가율은 OECD 국가 중 상위권이다.

(근거X) 직원들은 회사의 상조 시스템에 대하여 우호적인 입장이다.

(근거O) 7월 ERP 설문조사 결과, 직원들은 회사의 상조 시스템에 대하여 우호적인 입장이다.

"명확히 좀 말할 수 없어?"

"그래서, 정량적으로 얼마인가?"

이런 질문은 숫자 제시가 안 되어 명쾌함이 없기 때문에 듣게 된다. 숫자는 내 자신이 정량적인 논리가 명확해졌을 때 각인된다. 당연히 시간이 없는 상사는 정량적 숫자로 콤팩트하게 압축하여 암기하고자 한다. 생산량에 7%라는 숫자, 자살증가율 2위, 직원의 75%라는 숫자는 기억 속에 선명함을 보여준다.

(숫자X) 전월대비 생산량이 한층 높아졌다.

(숫자O) 전월대비 생산량이 7% 증가했다. (제조지표분석, 7월분)

(숫자X) 청소년 자살증가율은 OECD 국가 중 대한민국이 가장 높다.

(숫자O) 대한민국 청소년 자살증가율은 OECD 36개국 중 2위이다. (YBM뉴스, 8/16)

(숫자X) 직원들은 회사의 상조 시스템에 대하여 우호적인 입장이다.

(숫자O) 직원들의 75%가 회사의 상조 시스템에 우호적인 입장이다. (7월 ERP 설문조사 결과)

"한눈에 좀 볼 수 없을까?"

"맨날 글로 표현하지 말고 그래프 좀 활용할 수 없나?"

상사들이 자주 괴롭히는 질문이다. 사실 글만 자주 보면 매우 지겹다. 유명한 발표자료는 대체로 심플한데, 글보다는 그림, 도표로 단번에 관객을 사로잡는다. 그래프는 한눈에 식별한다는 점에서 문자보다 표현력이 우수하다. 또한 대부분의 경영진들은 현안과제에 대하여 과거-현재의 추이와 분석을 통해 미래를 통찰하고자 할 때 그래프를 중시한다. 앞선 예제에서 생산량에 대하여 7월과 8월을 분석해보니 7% 증가했다는 막대그래프의 표현, 36개 OECD 국가 중 한국의 청소년 자살률이 칠레에 이어 2위라는 것, 상조 시스템에 대한 직원의 선호도가 75%를 차지한다는 원그래프는 글로 일일이 설명하지 않아도 척 보면 알 수 있다.

도표화(예제)

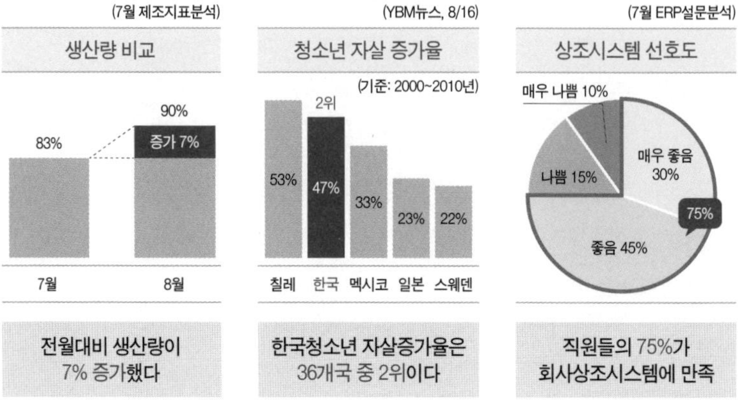

의사결정을 위한 데이터는 질문이 필요 없어야 한다

보고서의 데이터는 분석, 정리, 정보, 통찰하여 의사결정을 내리기 위한 목적으로 사용한다. 의사결정의 측면에서 가시화한 데이터는 결국 질문을 필요 없게 만든다.

1. [데이터] 의사결정에 필요한 방대한 양의 데이터를 모은다.
2. [분석] 데이터의 유형을 정비하고, 그 기준에 따라서 표현한다.
3. [정리] 데이터 유형별 유사, 상이한 것을 구분하고 정리한다.
4. [정보] 그중에 정보가 될 만한 것을 추린다. 상호 네트워크 연계성도 파악한다.
5. [통찰] 프로세스별 최적화가 무엇인지를 가늠하고 예견한다.

6. [결정] 1안, 2안을 도출하고, 그 중 결정한다.

데이터 분석의 가시화

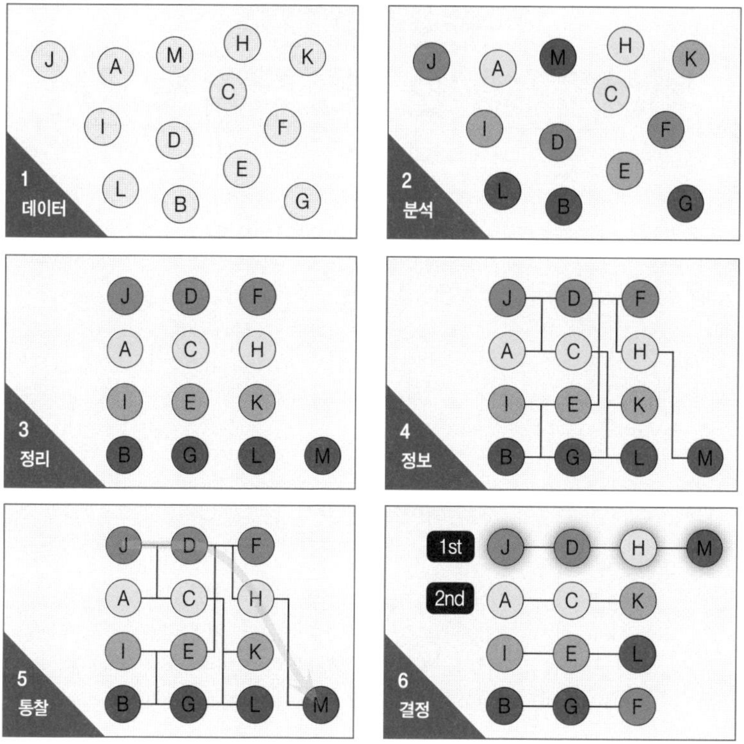

07

한눈에 엄지척. 핵심을 꿰뚫는 단도직입 보고서

보고서 작성 배경

부문장이 팀장회의에서 말했다.
"우리 A부문은 하반기에 영업이익이 형편없어. 이런 성적으로는 모두들 연말에 구조조정을 각오해야 할 거야. 하반기 영업이익을 10%인 30억을 증진하되, 영업은 매출증대의 방안을 내고, 제조는 원가절감의 전략을 도출해. 기획은 영업과 제조본부의 자료를 검토 후에 정리해서 내일 아침 경영위원회에서 발표할 보고서를 한 장에 요약해."

부문장이 회의실을 나가고, 임원들이 논의를 시작했다. 하반기 영업이익을 10% 증진하기 위해서는 약 30억의 이익금액이 필요했다. 그래서 영업부문에서는 추가수주를 통한 20억의 이익을 확보하기로 했고, 제조부문은 경비를 10% 절감하여 10억의 이익을 내겠다고 했다.

기획팀장은 각 부문의 달성전략을 취합하여 한 장에 서머리 장표를 준비하고자 한다. 여러분이 기획팀장이라면 부문장이 경영위원회에서 충분히 어필하기 위한 리포트를 어떻게 만들어야 할까?

제목
: 한눈에 전부를 알 수 있어야 한다

우리는 모두 이름을 가지고 있다. 사람에게 이름은 인생의 시작을 의미하듯이, 보고서의 생명은 제목에서부터 출발한다. 제목은 그 리포트를 전부 표현하고 압도해야 한다. 제목만 보아도 리포트의 주요 내용을 알 수 있을 정도로 키워드가 정갈해야 한다. 무엇을 논하고자 하는 것뿐만 아니라 심지어 결론까지도 제목에 포함되어야 한다. 유튜브의 썸네일, 포털과 신문의 헤드라인과 같은 것이다.

앞의 예제에서 여러분이 기획팀장이라면 부문장의 의중을 꿰뚫어낼 제목을 어떻게 표현할 것인가?

제목 작성	
초안	A부문 영업 및 제조부문 추가수주 및 원가절감을 통한 하반기 영업이익 10% 증진 방안
수정	A부문 추가수주 및 원가절감을 통한 하반기 영업이익 10% 증진 방안
최종	A부문 하반기 영업이익 10% 증진 방안

초안으로는 부문장이 올린 "영업의 추가수주와 제조의 원가절감"이라는 내용까지 넣었다. 그러나 영업이익을 증진하기 위해서는 각 본부에서 당연히 추가수주와 원가절감을 해야 하는 것이므로, 삭제를 하고 하반기 영업이익에 포함시켰다. 이렇게 해서 심플하게 "A부문 하반기 영업이익 10% 증진 방안"으로 타이틀을 정했다.

거버닝 메시지
: 핵심내용을 꿰뚫어서 표현한다

거버닝 메시지Governing Message는 보고 내용의 주장과 근거를 한눈에 볼 수 있도록 만든 한 줄의 문장을 의미하며, 리드 메시지Lead Message 또는 헤드 메시지Head Message라고도 한다. 거버닝 메시지는 제목과 본문을 이어주는 가교역할을 하기에 직관력과 일관성이 있어야 한다. 본문의 내용을 한 줄로 요약 발췌하여 핵심사항을 표현해야 한다. 보고서의 달인들은 거버닝 메시지를 보고서에 요약 기재용이 아닌 발표 중 애드리브를 위해서 활용한다. 갑자기 발생하는 언어절벽에 당황하지 않고 거버닝 메시지를 읽음으로써 위기를 모면할 수 있다.

거버닝 메시지 작성	
초안	A부문 영업이익 10% 증진을 위하여, 영업본부는 추가수주를 20억을 확보하고, 제조부문은 제조경비를 10% 절감하여 달성하고자 함
수정	A부문 영업이익 10% 증진을 위해, 추가수주 20억 확보 및 제조경비 10% 절감하여 달성하고자 함
최종	① 추가수주 20억 확보, ② 제조경비 10% 절감으로 하반기 영업이익 10% 증진

본문 간소화
: 전체를 심플하게 본다

제목과 거버닝 메시지를 맨 윗부분에 차례로 놓고, 그에 상응하는 세부내용도 최대한 간소화하여 표현한다. 보고서의 달인은 보고서를 먼저 머릿속에 그린 후에, 주장하고자 하는 내용과 근거가 좌에서 우측으로 물 흐르듯이 표현한다.

단도직입 1페이지 보고서 예제

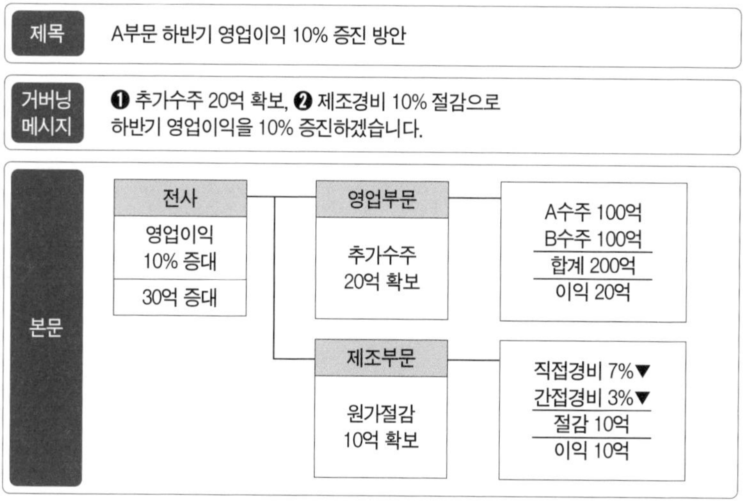

08

보고서에 센스를 입히다. 주의력 결핍 시대의 보고서

답답하지 않도록 결론부터 1, 2, 3 보고한다

어릴 적에 잘못을 저지르고 엄마와 문답의 과정에서 꾸중이 점점 심해지곤 했다. 그 이유는 주눅이 들어서 그럴 수도 있지만, 대체로 말을 조리 있게 못 했기 때문이다. 결론을 말하고 "잘못했습니다." 하면 될 것을 중간 부분부터 구구절절 말하다 보면 초점을 잃게 되고 답답한 엄마는 추궁과 꾸중이 심화되는 것이다.

직장생활도 마찬가지다. 상사는 단번에 집약된 정보를 원한다. 상사가 답답함에 몸을 꼬면서 핸드폰을 보고 있지 않게 하려면, 결론부터 얘기해야 한다. 그 이후 세 가지의 압축된 근거와 세부내용을 보고한다. 놀랍게도 상사는 몇 마디만 들어도 그 의미를 간파한다. 그가 그 자리에 존재하는 이유다.

보고 사례

김 대리가 영업본부장실에 노크를 하고 들어섰다. 본부장은 컴퓨터 화면을 주시하고 있다.

"어, 김 대리. 어서 와. 무엇을 도와드릴까?"

"(보고서를 펼치며) 네, 본부장님. 금번 A프로젝트 견적 제시 전에 보고드리고자 합니다."

그러나, 본부장은 아직도 화면을 보면서 마우스를 클릭하고 있다.

"어, 그래, 얘기해 보게."

"A프로젝트는 아시다시피 A사에 저희 B설비를 제공하는 사항으로서, 먼저 원가를 말씀드리면 유틸리티 235억, (중략) 파이프 공사 120억으로서 총 1,200억입니다. 이 금액에 판관비와 이윤을 10% 적용하고자 합니다. 판관비율은 6%이고, 이윤은 4%로 잡았습니다. 판관비 6%는 영업비 2%, 내부관리비 3%, 예비비 1%로 했고, 이윤은 전년도 기준 3%에서 금년도 이익목표 상향을 고려하여 1%를 플러스했습니다…."

"(화면을 보다가 김 대리를 보며) 어, 김 대리, 미안해 잘 못 들었어. 그래서 견적을 얼마에 한다고?"

"(처음부터 얘기해야 하므로 답답한 듯) 네, 본부장님. 그러니까 원가는 유틸리티가…"

"(김 대리를 주시하며) 그래, 다 알아들었어. 그래서 견적이 얼마야? 결론부터 좀 말해."

"(움츠러들며) 네, 네, 견적은 그러니까 1,200억. 아니, 1,340억입니다. 원가가 1200억…"

"(답답하다는 듯이) 알았어. 1,290억에 견적을 넣어. 고객 입장에서 2자는 봐야지. 어제 A사의 조 전무와 통화했어. 1,290억 정도는 되어야 우리가 수주할 수 있을 것 같아."

"(금액을 받아 적으며) 네, 알겠습니다."

"그리고, 자네. 앞으로 보고는 결론부터 말해. 이런 멀티업무를 수행하는 주의력 결핍 시대에는 결론만 얘기하기도 시간이 없다네. 나에게 보고할 때에는 요점 정리를 머릿속에 해 오던가, 1, 2, 3으로 요약도표를 만들어서 가져와. 사실 그것도 볼 시간이 없다네. 내 시간도 배려해줘."

직장인은 직책이 상향될수록 주의력 결핍자로 변해간다. 보고를 받는 사람이 주의할 수 있도록 각인시킬 만한 심플한 보고가 필요하다.

My Stance
: 내 결론은 가지고 보고한다

내가 보고서를 작성했다면, 책임은 누구의 것인가? 내 것이다. 의사결정자가 있다고 하여 책임을 면하려 하면 안 된다. 내가 책임을 지겠다고 달려드는 순간 내 일이 되면서 해결되는 것이다. 그렇기에 담당은 결론을 가지고 보고서를 제출해야 한다. 상사의 의견대로 만들게 되면, 향후 내 자신의 논리기초가 약해지고, 보고서의 품질 또한 증진되지 않는다.

특히 오너를 보필하는 비서나 기획실에서 올리는 보고서는 논리가 명확해야 한다. 자칫하면 면책임을 염두에 두고 의사결정자의 의도대로 자료를 만든다. 훈수만 두는 정치객꾼이 아닌, 책임을 지는 자리임을 명심해야 한다. 그래서 통칭 기획실(비서실, 구조본, 기획조정실, 미래전략실 등)은 현장경험과 함께 순차진급이 필수적이다. 현장감 있게 밑에서부터 임하면, 비로소 경험과 통찰이 빚어낸 보고서를 양산한다.

보고 사례

인사팀장이 승진심사자료를 들고 사장실에 들어섰다.

"채 팀장, 어서 와. 각 본부별 승진심사는 잘 끝났나?"

"네. 그렇지 않아도 완료된 보고서를 들고 왔습니다. 몇 가지 드릴 말씀이 있습니다."

"(내용을 살펴보며) 으흠, 그래 총 56명이 진급을 했구먼. 대리가 13명, 과장 10명…"

"그 중에 영업본부에서 김 과장과 정 과장에 대하여 차장 진급을 요청했습니다."

"그 둘은 왜? 승급 관련 요건을 준수하지 못했는가?"

"네, 우선 둘 다 어학시험에 통과를 못 했고, 정 과장은 봉사점수도 미달입니다."

"인사기준은 그런 경우에는 진급심사 자체에서 제외되는 것 아닌가?"

"그렇습니다. 기준대로 제외를 할까요?"

"으흠, 그런데, 왜 본부장은 그들을 진급시키자고 하는가?"

"그들의 영업실적이 1, 2위입니다. 영업활동하느라 어학과 봉사활동을 못 했기 때문입니다."

"인사팀장인 자네의 생각은 어때?"

"네? 저는 인사원칙대로 해야 하는데, 사실 실적우수자의 진급 누락으로 자칫 퇴직할까 우려됩니다."

"그래서, 어떻게 했으면 좋겠다는 거야?"

"(위축되며) 네, 사장님. 죄송하지만 그걸 사장님께 여쭤보고 의사결정을 받고자 합니다."

"이봐, 자네는 인사팀장이야. 명확한 자네의 스탠스가 무엇인지를 묻는 거야."

"저, 저는 원칙대로 하자고 하는데, 본부장이 계속 얘기해서요. 제 의견은 없습니다."

"어허 이 사람이. (차를 한잔 마시고는) 두 명은 이번 달 이내 어학과 봉사활동 포인트를 받는 조건으로 진급을 시켜. 만일 조건 미달 시 강등시키고. 인사가 만사 아닌가? 그래서 내가 자네에게 직책을 수여한 거야. 앞으로는 자네의 결론을 가져와서 나에게 보고하게."

본인의 스탠스가 없으면 의견을 제시할 수 없고, 의사결정을 받아서는 안 된다.

보고서를 송부하면 끝이 아니라, 확인해야 끝난 것이다

흔히 보고서를 작성하여 기안을 하는 경우에는 승인자의 결재를 받으면 된다. 그러나, 이메일을 통하여 보고서를 제출하는 경우에는 반드시 SNS나 전화를 하는 양방향 소통이 필요하다. 내가 이메일을 보냈다고 끝난 것이 아니다. 통화를 해서 상사가 인지할 수 있도록 해야 한다. MLB 전설의 포수 요기 베라의 말처럼 끝날 때까지 끝난 것이 아니기 때문이다.

완벽한 엔딩을 해야 한다. "자료를 이메일로 송부드렸습니다."라고 해야 상대방도 수신된 것에 신경을 쓰며 확인한다. 메일을 보지 않은 상사가 잘못인가? 아니면 자료를 툭 보내고 신경 쓰지 않은 내가 잘못인가? 불행히도 내 잘못이다. 솔직히 상사가 매우 바쁜 경우에는 이메일을 열어볼 시간도 없는 경우가 많다. 시간이 경과할수록 상사가 급한 것이 아니라, 대부분 보고자가 다급해진다. 의사결정의 변곡선 상에서 보고자가 수정, 보완할 시간이 감소하기 때문이다. 즉, 양방향 소통은 상사가 아니라 보고자를 위해 필요한 것이다.

보고 사례

신입사원 장 기사는 팀장으로부터 주간업무보고 자료취합의 명을 받았다. 제조1, 2, 3반의 보고를 취합하면 되기에, 각 반장으로부터 목요일 저녁에 자료를 받아서 정리한 후, 금요일 아침에 팀장에게 자료를 이메일로 송부했다. 때마침 팀장이 출장 중이어서 보고를 하지 못했고 의당 이메일을 확인하셨겠지라고 생각했다. 그런데, 일요일 저녁에 팀장으로부터 전화가 왔다.

"장 기사. 휴일에 미안하지만, 내가 지시한 주간보고 자료취합 어떻게 되었나?"

"예? 제가 정리해서 금요일에 보내드렸는데요?"

"그래? 그럼 자료 보냈다고 보고를 해 주어야지. 알았어요."

이메일도 안 보시고 보고는 무슨 보고람. 장 기사는 대수롭지 않게 생각하고 잠이 들려고 하는데 전화가 또 왔다. 에잇. 휴일에 귀찮게 왜 이런담.

"장 기사, 메일을 다시 확인해 봐. 이메일을 보내긴 했는데, 첨부자료가 없어."

"아? 그, 그렇습니까? 어떡하죠? 제가 회사에 컴퓨터가 있는데요?"

"이 사람아, 내일 아침에 내가 그 자료를 들고 본부장 보고를 해야 하는데 자료를 누락하면 어떻게 해?"

"제가 이메일은 미리 드렸는데…"

"자네가 송부완료 보고를 했으면 내가 중간확인을 할 것 아닌가? SNS만 쳐도 알 텐데?"

"아, 네. 그렇습니다. 죄송합니다. 제가 지금 회사로 가서 송부하겠습니다."

결국 장 기사는 주말 밤에 회사로 출근하게 되었다.

이런 예제는 사실 직장생활에서 비일비재하다. 가장 좋은 방법은 다양한 채널로 보고를 하는 것이다. 예를 들어 카톡에는 요약문자와 함께 파일도 보내고, 이메일로도 송부해 놓는 것이다. 이렇게 양방향으로 소통하면 보고 누락이 발생하지 않는다.

2장

고객의 가슴을 자극하는 보고서

09

이 보고서를 왜 시작했는가가 중요하다 _ Background

충성!
보고서의 시작을 신고합니다!

"이 보고서는 왜 작성했나?"

"느닷없이 갑툭튀(갑자기 툭 튀어나옴)하는 내용은 뭔가?"

"보고서의 배경에 TMI(Too Much Information)가 너무 많아."

우리가 보고서를 만들어서 상사에게 제출하면, 맨 첫장을 보면서 이런 푸념을 받아본 적이 있다. 자료는 함축하여 잘 만들었는데, 왜 이런 얘기를 듣게 되는가? 보고서의 배경Background이 없기 때문이다. 보고서를 왜 쓰게 되었는지는 상대방도 잘 안다. 다만 상대방은 멀티잡으로 인해 머릿속이 복잡하다. 이런 경우에는 왜 보고서를 썼는지 다만 한 줄이라도 기재되어 있어야 한다.

배경의 중요성을 다음의 예제를 통하여 알아보자.

인사팀장이 정 대리에게 업무를 지시한다.

"정 대리, 조금 전 사장실에 갔는데, 사장님께서 신규입사자에 대하여 인사상담제도를 운영할 것을 명하셨어. 즉 입사자의 조기정착률을 높이고 그들의 아이디어를 조기에 수렴하여 인사제도의 혁신을 할 수 있도록 말씀하셨어. 내일까지 본 제도에 대한 내용을 한 장 정리해서 나에게 보고를 해 줘."

정 대리는 아래와 같이, 보고서의 배경을 정리해서 가져왔다. 어떤 것이 더 이해가 쉬운가?

추진 배경 유무 예시

A. 추진 배경 X	B. 추진 배경 O
제목: 신규 입사자 인사상담제 추진안 사장님의 지시로 아래와 같이 진행하고자 함 1. 진행대상: 신규 입사자(신입, 경력) 2. 담당: 인사팀장 3. 일시: 10/1일부터 실시 4. 방법: 상담일지(양식 참조) 활용 상담 실시 5. 주요내용 입사후 3개월 이내의 신규입사자에 대하여 인사팀장이 면담을 실시함. 면담을 하는 과정에서 회사정착을 유도하고, 건의사항을 수렴하고자 함.	제목: 신규 입사자 인사상담제 추진안 1. 추진 배경 1) 회사에 신규 채용한 인재의 조기정착 목적 2) 입사 후 일정기간내 상담실시로 정착률 제고 3) 사장님의 특별한 지시로 인함(경영위원회, 5월) 2. 추진 효과 1) 건전한 조직문화 육성 2) 다양한 아이디어 수렴 후 정책에 입안 3) 장애요인 감소로 퇴사율 저감(현재 1.2년) 3. 주요 내용 1) 대상: 신규 입사자(입사 3개월 內 실시) 2) 담당: 인사팀장 3) 일시: 10/1일부터 실시 4) 방법: 상담일지(양식 참조) 활용 상담 실시

좌측의 예시에는 추진 배경과 추진 효과가 없다. 느닷없이 사장님 지시로 진행한다고 한다. 그래서 우리가 추진 배경이 없이 자료를 제출했을 때 상사로부터 "느닷없이, 밑도 끝도 없이, 갑자기 왜 이런 자료를 작성했나?"라는 핀잔을 듣게 된다.

대부분의 기안자가 의외로 배경을 작성하지 않는 경우가 많다. 윗분이 지시했으므로 당연히 기억한다고 생각한다. 상대방이 그 일만 쳐다보고 있으면 그러하지만 다중업무에 시달리는 현대인들은 저녁에 주차한 차를 아침에는 리모콘을 누르며 찾아다녀야 할 정도로 바쁘다.

앞의 예시에서도 설령 사장님께서 강하게 진행을 명했어도 정책 시행에는 명분이 필요하다. 기안자는 조직원들이 속속들이 이해하도록 설명해 주어야 한다. 즉, 추진하게 된 배경과 효과에 대하여 기재를 해주어야 한다. 아무리 좋은 제도라 할지라도 배경 없이 곧바로 본문으로 들어가는 것은 생뚱맞고 설득력도 떨어진다. 보고서는 영화 대본이 아니다. 반전 대신 스토리텔링이 필요하다. 여러분이 사장이라도 해당 프로젝트에 대하여 적절한 배경을 담당자가 의당 정리해 주리라 믿을 것이다.

보고서의 배경을 3가지의 사고, 스킬, 툴로 정립한다

이런 배경을 만드는 것은 당연한 것이지만, 막상 어디서부터 어떻게 해야 할지 막막하기만 하다. 이런 경우 배경 구상을 위한 포인트를 활용하여 배경, 목적, 당위성을 작성하면 훨씬 수월하다.

아래 도표는 배경 구상의 방법을 제시한다. 3가지 사고법에서는 사고 구상, 전체상, 선택지를 생각하고 구상을 돕는다. 3가지 스킬은 책무와, 아이디어, 본질을 꿰뚫는 방법을 제시한다. 3가지 툴Tool은 로직트리를 이용한 체계화, 메트릭스의 그룹화, 프로세스로 배경구상을 돕는다. 이렇게 배경을 구상하는 방법을 활용하여 멋지게 당위성을 제시해 보자.

배경 구상 포인트

구분		배경 구상 포인트	전략 구상 방법
3가지 사고법	제로베이스 사고	사고 구상의 원점을 재고한다	• 고정관념/기성관념의 부정 • 창조적 파괴, 가능성의 확대
	프레임워크 사고	사고의 전체상, 체계를 정한다	• 사고의 축, 범위, 정리 • 단면/카테고리화
	옵션 사고	선택지를 준비하고 360도 시야로 가설을 준비한다	• 생각, 의사결정시 선택지 • 디베이트(Debate)의 기반
3가지 스킬	커미트먼트	책무를 확인한다	• 상대방의 입장에 선다 • 필달(必達)목표를 기재한다
	스트럭처	아이디어, 가설을 정리하고 체계화한다	• 구조화/계층화 • 상관화/위치화/체계화
	콘셉트	본질=응축된 특징을 확립한다	• 본질 간파 • 특징 부여/차별적 우위성
3가지 Tool	로직트리	각 요소의 분배~일람화, 체계화	• 트리 그림/브레이크다운 • 피라미드/세분화
	메트릭스	각 요소의 비교, 그룹화	• 상관화/위치화 • 세그먼트화, 클러스트화
	프로세스	시계열을 기반으로 한 미래예상에 대한 로드맵화 시도	• 시계열/플로우/가치연쇄 • 페이즈업/로드맵

〈전략구상력 트레이닝, HR Institude著, 2003, 27쪽 재정리〉

코미디 프로그램에서 개그맨 황재성이 "야, 이렇게 내 인생에 깜빡이도 안 켜고 훅 들어오면 어떻게 해?"라고 말한다. 재미난 유행어지만, 우리의 보고서도 이렇게 깜빡이도 안 켜고 상대방에게 들이대는 경우가 허다하다.

상대가 '아, 이 글은 이런 내용이군'이라고 한눈에 인식할 수 있는 '좌우 깜빡이'는 결국 글의 서두에 있는 배경이다. 배경에는 각각의 색깔이 있다. 인사로 시작하는 배경에는 예의가 있고, 고마움으로 시작하면 따뜻하고, 전체의 상을 조망해주면 시원하고, 스토리가 있으면 흥미를 갖게 된다. 목표를 제시하거나 반대로 결과를 예시하는 배경도 몰입을 유도한다. 배경은 보고서를 읽고 싶도록 만드는 마중물의 역할을 하는 것이다.

배경 작문 예시

구분		배경 구상 포인트	배경 작문 예제
3가지 사고법	제로베이스 사고	고정관념을 타파하고, 원점 재고, 창조적인 파괴를 지향한다	**본 자료는 기존에 TF에서 제시한 원가절감 3%에 대하여 TRIZ를 활용한 추가혁신으로 20%까지 상향시키는 것을 목적으로 합니다**
	프레임워크 사고	사고의 전체상, 체계를 정한다 (단면 및 카테고리화)	**본 회의는 신제품 개발의 로드맵을 상호협의 하에 작성하기 위하여 영업, 구매, 제조가 한 자리에 모였습니다**
	옵션 사고	선택지를 준비하고 360도 시야로 가설을 준비한다	**본 의사결정안은 지난 16일 미국 오스틴의 Z 사로부터 제안을 받은 A, B 투자안건에 대한 구체적인 심의를 위하여 준비하였습니다**
	커미트먼트	상대방의 입장에서 책무와 목표를 확인한다	**본 워크숍은 금년목표 전사 3,000억에 대하여, 분배된 각 본부별 1,000억의 목표에 대한 세부전략 및 액션플랜을 수립하기 위한 회의입니다**

3가지 스킬	스트럭처	아이디어, 가설을 정리 체계화(구조, 계층, 위치)한다	**A사업 입찰수주에 따른 양사간 JV형태로 설립된 SPC에 대하여, 양사의 지분구조, R&R, 진행일정에 대한 구체화를 하기 위한 텀싯확정회의를 소집, 진행하고자 합니다.**
	콘셉트	본질 간파, 응축된 특징, 차별적 우위성을 확립한다	**본 리포트는 제품라인의 병목공정을 확인하고, 우회 물류라인의 보정을 통한 공정직진율을 20% 상승시키는 것을 목적으로 합니다**
3가지 Tool	로직트리	각 요소의 분배~일람화, 체계화(트리, 피라미드, 세분화)	**본 BOM 체계는 AI Automatic 드론 설계를 위하여, 좌에서 우로 A, A1, A1-1으로 체계적인 로직으로 작성되는 방식입니다**
	메트릭스	각 요소의 비교, 그룹화(상관, 위치, 세그먼트, 클러스트)	**본 사업개요도는 EPC에 A사, SI는 B, C사, FI는 D금융사가 주관하며, 그에 따른 각각의 역무와 자기자본비율을 명시하였습니다**
	프로세스	시계열, 플로우, 가치연쇄를 기반으로 미래예상에 대한 로드맵화	**본 A공장 설립 자금계획안의 특징은 착공, 설비 반입 및 준공에 이르기까지 3년간 투입되는 자금에 대한 Cash in-out Flow를 일목요연하게 로드맵하였습니다**

배경 구상 포인트에 따른 배경 작문의 예제를 살펴보자. 각각의 배경 예제는 앞서 소개한 9가지 구조화 방법에 의하여 특징 있게 구성된다.

배경은 인사말과 같다. 인사 잘하는 사람을 나무라는 경우는 없다. 결재자는 심플-스마트하게 작성한 배경에 호의를 느끼고 암묵적으로 보고서를 두둔하게 된다. 정독하기 전 문서에 친밀감부터 느끼는 것이다. 내가 작성한 배경이 결국 상대방을 배려로 맞이하게 된다.

10

중복, 누락 없는 논리로 단번에 통과해야 한다 _MECE

"이게 최선입니까?"의 질문에는 MECE가 답이다

"이게 최선입니까?"

2015년 35% 시청률의 드라마 〈시크릿가든〉에서 현빈(김주원 역)이 결재 전 자주하는 질문이다. 아무것도 모를 것 같은 백화점 신임사장 김주원의 밉상 말투가 그해 최고의 유행어를 만들 수 있었던 것은 직장인들이 경험하는 상사에 대한 공감 때문이 아닐까.

우리도 직장생활에서 이런 황당하면서 짜증스럽지만 반박이 어려운 질문을 받게 된다.

"이게 맞아?"

"자료가 앞뒤가 안 맞잖아."

"뭔가 부족한 것 같은데?"

"중복된 것은 뭐냐?"

"내용이 없네."

나는 온 힘을 다해 데이터를 가공, 취합하여 자료를 만들었는데 대체 뭐가 잘못되었다는 것인가? 바로 누락, 중복, 착오가 있어서 논리력이 뒷받침되지 않았기 때문이다. 이런 논리력을 시스템적으로 사고하기 위하여 매킨지가 고안해낸 방법이 MECE이다.

MECE[Mutually Exclusive Collectively Exhaustive]는 상호 배제와 전체 포괄을 의미한다. 즉, 어떤 사항을 중복 없이, 그럼에도 누락 없는 부분 집합체로서 파악하는 것을 의미한다. 상호 배제로 인해 중복이 없어지고, 전체 포괄은 누락과 착오를 방지한다. 내가 보고서에서 주장하고 싶은 것을 상대방에게 관철하기 위해서는 명백한 논리를 세워야 하는데 MECE만한 것이 없다.

먼저 전체를 알고 세부적인 데이터들을 누락 없이 모아야 한다. 그 데이터에서 의미를 찾아 전체 숲에 대한 것을 어필하거나, 그 데이터의 분석에서 특징을 보고한다. 이렇게 하면 "이것은 누락되었어." "이 말은 중복이잖아." "이건 오류인데?" 등의 추가 질문을 없앨 수 있다. 전체집합이 분명하고 그 구성이 누구인지 아는 것이 중요하기 때문이다.

제대로 된 MECE의 예제를 게임으로 설명하고자 한다.

MECE 예제

A. 어릴 적부터 가장 많이 하는 의사결정 게임 가위바위보는 MECE로 완벽하게 구성된 게임이다. 가위는 보를 이기고, 보는 바위를 이기고, 바위는 가위를 이기는 서로 동일한 포션의 상관관계로 이루어지기에 중복(같이 바위를 내면, 상호 다른 것을 낼 때까지 진행), 누락(가위바위보 이외에 다른 Tool 없음), 착오(안 내면 진 것)가 없다.

B. 세계적인 축구행사 월드컵에서도 진행하는 동전 던지기도 MECE의 완전체이다. 통상 앞면 아니면 뒷면이기 때문이다. 동전이 서거나, 동전이 모두 앞면인 경우를 제외하고 말이다.

C. 20년간 대한민국에서 가장 사랑받고 있는 국민게임 스타크래프트도 3가지의 종족으로 승부를 내는 전략 시뮬레이션 게임이다. 세 종족이 다양한 유닛을 보유하고 있으며 MECE에 매우 충실한 게임이다.

다음은 잘못된 MECE 예제이다.

잘못된 MECE

A. 부장님이 새로 출시된 게임팩 제품에 대하여, 설문조사를 위해 직장인 남성고객의 분류를 지시했다. 나는 남성고객을 미혼과 기혼으로 각각 50%를 구분했다. 그러자 부장님은 직장인 내에서 미혼과 기혼을 구분해야 중복이 없으며, 그 중에 직장남성 미혼이 게임을 더 많이 하므로 마켓 분류를 다시 할 것을 지시했다.

B. 팀장님이 SNS 마케팅의 종류를 조사하라고 하여, 트위터와 페이스북을 보고했다. 그러자 팀장님은 유튜브, 텔레그램, 인스타그램 등이 누락되었다면서 재조사를 지시했다. SNS 전부를 기재할 수 없으므로, 20대에게 가장 영향력 있고 많이 사용하는 순서로 재조사를 시작했다.

C. 코로나19 면역자를 조사하는 과정에서, 통상 2차 접종까지 받으면 면역이 생성된다는 가정하에, 1차 접종자 30만 명 중 2차 접종자 10만 명은 면역이 생성되었다고 보도되었다. 그러나, 일주일 후에 2차 접종 후에도 전염될 수 있는 일명 돌파감염 1만 명으로 인해 착오가 발생했다.

MECE를 편안하게 활용하는 프레임워크를 소개한다

초급 직장인이 MECE를 통한 논리를 즉석에서 한 장에 만들어 내기에는 여간 힘든 것이 아니다. 프레임워크를 활용하면 좀 더 쉽게 만들 수 있다. 다양한 방법이 있으나, 4C(3C), 4P와 플로우-스텝을 통해 간략한 이해를 돕고자 한다.

MECE의 프레임워크 예제

❶ 4C는 고객, 경쟁, 자사, 채널(3C로 분석하는 경우 제외)을 의미한다. 시장과 고객을 이해하고 경쟁과 자사현황을 파악하여 사업환경 전체를 파악하는데 용이하다.

A지점의 환경분석을 해 보라는 주제가 나왔다면, MECE한 설명을 위해 4가지 요소를 모두 살필 필요가 있다. 우선 A지점의 상권현황을 확인하고, 시장과 고객동향을 설명하고, 경쟁기업의 전략과 현황을 설명한다. 이러한 4개 요소를 파악하면 대체로 누락과 중복 없이 A지점을 파악할 수 있다.

❷ 4P는 고객층을 설정하여 어떤 상품을 효과적으로 판매할 것인지 마케팅을 분석할 때 활용한다. 마케팅상 중요 포인트를 놓치지 않기 위한 프레임워크로 활용한다. 중요한 것은 목표고객을 향해 제품과 가격, 유통과 판촉활동이 어떻게 최적화할 것인가를 누락과 중복없이 표현할 수 있는 것이다. 고전적이기에 엔틱하고 클래시컬한 MECE방식으로 아직도 마케팅 숙제에 보편적으로 활용되고 있다.

❸ 플로우-스텝은 흐름과 단계별로 나누어 표현하는 MECE 분석방법이다. 플로우와 스텝은 밸류체인별, 공정별, Time별(과거, 현재, 미래), 기간별(단-중-장기) 등 상당한 포괄성을 가지고 활용할 수 있다. 예를 들어 고객이 제품을 사는 관점을, 공급사의 인더스트리 체인 관점으로 본다면 제품을 개발하고, 제조하여 판매를 하는 방법이 있다. 고객이 제품을 선택하는 관점에서 본다면 제품을 인터넷으로, 유튜브의 사용 후기를 통해 편리성을 이해하고, 구매를 결정하여 결재를 진행하는 방법이 있다.

11

매력적인 근거가 있어야 고객이 안심한다 _ So What, Why So

"바둑판에 의미 없는 돌은 없다."

직장인의 애환과 삶을 바둑에 묘사한 드라마 〈미생未生〉의 명대사이다. 직장상사는 보고서를 들고 있는 내게 미생처럼 질문을 던진다.

"자네, 구체적으로 결과가 뭔가?(So What)"

"왜 그렇게 말할 수 있나?(Why So)"

해당 보고서의 단어와 문장은 내가 작성을 했지만, 가끔 이 질문에 멍해지는 경우가 있다. '내가 왜 이렇게 적었지?', '이 의미가 뭐더라?'

이런 웃지 못할 일이 벌어지는 것은, 보고 준비가 안 된 것이 아니라 논거에 대한 짜임새가 부족하기 때문이다. 이런 오류를 방지하기 위해서는 앞부분에 서술한 문장에서 자신이 답변할 수 있는 중요한 엑기스를 표현하는 작업을 해야 한다.

So What, Why So는 검증과 근거의 기본기다

아래 도표로 설명을 해 보자.

A, B, C라는 데이터를 'So What?'한 것이 K라면, K에 대하여 'Why So?'한 것이 A, B, C로 답변이 되어야 한다. (사실, 그 답변이 MECE하게 누락과 중복이 없어야 한다.) 마찬가지로 A와 A1, A2, A3는 〈So What, Why So〉의 관계로 정립되어 있어야 한다. 부하직원이 "결론은 K입니다."라고 보고했을 때, 유능한 상사는 A, B, C를 확인하고, A의 논거인 A1, 2, 3를, B와 C의 논거도 차례로 확인하고 나서 오케이를 할 것이다. 그 질문이 "결과는 뭐고, 근거는 무엇인가?"이다. 무능한 상사는 생각 없이 "그래, 수고했어."라고 하겠지만, 향후 정곡을 찌르지 못하는 부실한 내용이라는 것을 깨닫게 될 것이다.

So What? Why So? 예시

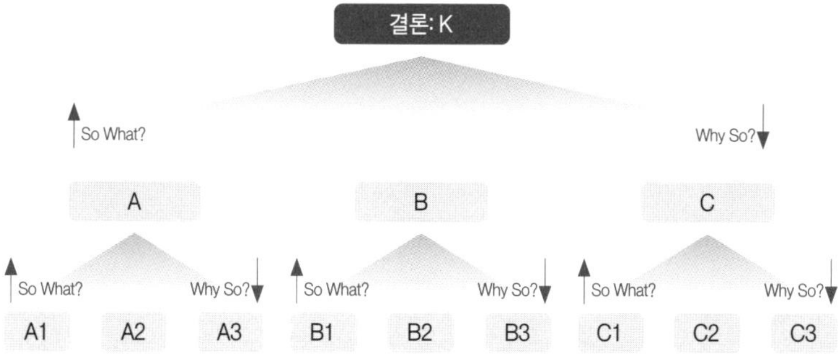

필자도 성장의 과정에서 많은 질문을 받아왔다. 특히 월요일 아침에는 미리 생각해 두어야 할 것이 많다. 금주에 해야 할 것, 그중 가장 중요한 것, 상사가 반드시 찾을 것, 질문할 것 등. 이것에 대한 답변을 나와의 카톡 혹은 밴드에 기재한다. 이럴 때 답변이 논리적이어야 하는데, 종종 사용하는 것이 〈So What, Why So〉이다.

도표에서 보는 것과 같이 내 마음속에 피라미드가 그려지고 그 논리를 열거한다. 꾸준히 이런 연습을 하다 보면 자연스럽게 생각이 구조화로 무장된다. 또한, 〈So What, Why So〉는 논리의 비약도 막아낸다. 우리는 주장하고자 하는 것에 꽂히면 단계나 사고를 비약적으로 뛰어넘으려 한다. 이것은 향후 자기합리성이 되어서 불합리한 결론을 양산한다. 즉, 의사결정자에게 오류를 심게 되는 것이다. 〈So What, Why So〉는 그런 비약의 경계선을 굳건히 지킨다. 팩트Fact의 기초에 서서 생각의 오류를 방어한다.

발표하기 전에 연습하는 과정에서 항상 〈So What, Why So〉를 자문하는 습관을 가져야 한다. 결론이 맞는지 그에 따른 근거가 있는지를 항상 자답하는 과정에서 주장하고자 하는 내용의 한계도 발견하게 되고, 방어할 수 있는 아이디어도 얻을 수 있다. 발표할 때 상대방이 지적하는 사항에 대하여 자신감 있게 답변할 수 있는 것은 애드리브가 아니라 미리 적응해 둔 대비 덕분이다. 이런 상황에 가장 심플한 논리도 역시 〈So What, Why So〉이다.

보고자료에 없는 것은 설득력이 없다. 말로 천 냥의 빚을 갚는 시대는 지났다. 결국 문서로 도장을 찍으면서 계약이 형성되고, 그로 인해 어떠한 형태의 권리를 양도·양수하게 되면서 사업이 시작된다. 문서에 명확한 표현은 곧 논리로 이어진다. 〈So What, Why So〉가 부족한 문서는 결국 사업의 성패에도 영향을 미치게 된다.

So What? Why So? + MECE 예시

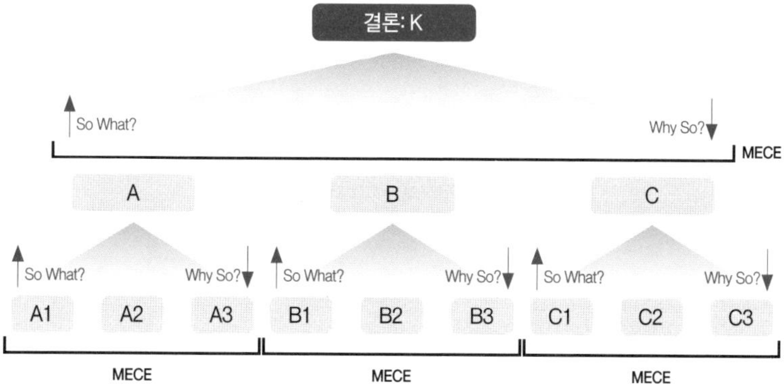

So What, Why So에 MECE를 함께하면 완성본이 된다

〈So What, Why So〉는 앞서 제시한 MECE 방법과 함께 사용하면 더욱 명쾌해진다. 〈So What, Why So〉가 된 상태에서 MECE를 활용하면 논리성과 함께 중복, 누락을 배제한 완성본을 얻을 수 있다.

예를 들어보자. 회사에서 금년도에 전략적인 구매혁신에 대한 비저닝을 수립하라고 지시가 내려왔다고 하자. 생각 끝에 공급 루트 혁신, 공급비용 절감, ERP 시스템의 3가지 전략을 세운다. 이 3가지 혁신과제는 금년도의 전략적인 구매활동에 대한 근거가 되어야 한다. 그리고 각각 중복, 누락, 착오가 없도록 MECE하게 작성해야 한다.

혁신과제 공급 루트와 공급비용은 외부환경에 의거하여 도출된 전략방안이다. 외부환경은 공급업체와의 3가지 접점을 도출했다. 나머지 혁신과제인 ERP 시스템 구축은 통합구매 프로세스 구축 등 4가지의 전략을 가지고 도출했다. 이 4가지의 전략과도 〈So What, Why So〉의 관계를 유지한다. 한 장에 요약되었지만, 각각 거미줄처럼 연계된 전략을 심플하게 볼 수 있다는 장점이 있다.

금년도 구매혁신 3대 과제 예시

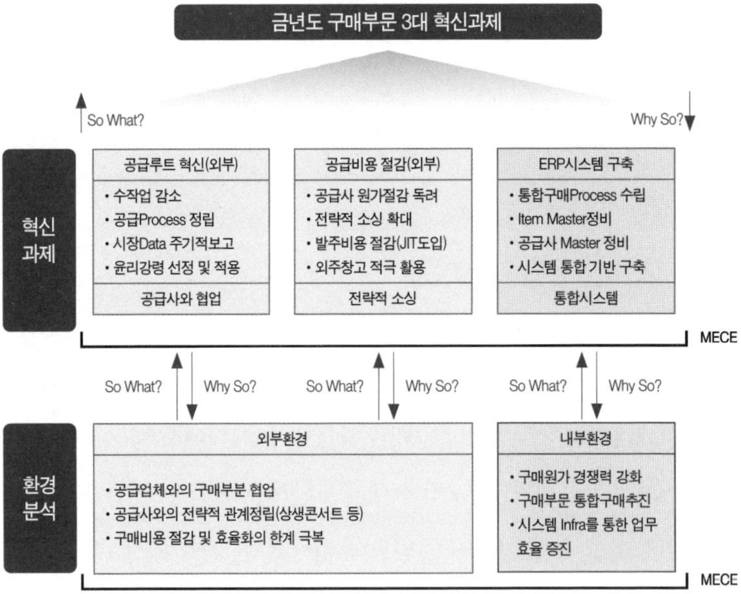

12

프로젝트의 숲을 보고 나무를 어필한다 _ Order List

왜 상사들은 별일 아닌 일로 불같이 화를 낼까?

직장생활이 힘든 이유 중 하나는 숙제가 많아서이다. 이 많은 과제들은 대체 어디에서 양산되는 것일까? 직장인의 삶은 어쩌면 평생 과제 수행을 하다가 끝날지도 모른다.

나와 상사의 관계는 숙제로부터 시작된다. 어떤 경우에는 '상사가 나를 위해 억지로 숙제를 만들고 있는 것은 아닐까?' 하는 생각이 들 정도이다. 아침 출근 시간에 10분 일찍 출근하면, 어느새 나타난 상사가 10분 일찍 일을 시킨다. "출근 시간 이후 지시하시죠."라고 대들고 싶은 마음 굴뚝같지만 하는 수 없이 상사가 지시한 업무를 준수한다.

이렇듯 지겨운 일상이지만, 사실 숙제가 없다면 직장생활도 재미가 없을 것이다. 숙제를 해결하는 과정에서 여러 가지의 지식꾸러미를 얻기 때문이다. 우선 생각을 정리하고 고뇌하는 과정에서 역량이 증진되고, 부가적으로 끈기, 창의성, 도전정신, 열정을 얻는다. 물론 스트레스도 쌓인다.

매일 누워 있는 사람 A에게 앉아 있는 것이 스트레스라고 한다면, 매일 선 채로 알바하는 B는 잠시 앉는 것에 행복을 느낀다. 둘이 같이 앉아 있다면 A보다 B가 더 행복을 느낄 것이다. 스트레스는 이런 상관성이 있다. 즉, 강도 높은 스트레스를 겪는 사람은 그보다 덜한 경우를 관대하게 이겨낸다. 강력한 스트레스를 매일 겪는 사람은 그만큼 삶의 완급조절 능력이 뛰어나다. 직장에서 받는 스트레스도 나 자신의 멘탈-맷집의 증진 기회라 여기고 슬기롭게 운영할 필요가 있다.

상사가 느닷없이 화를 내는 경우가 있다. 상사가 아침에 성질을 내면 부하직원들은 이렇게 생각한다.

'아침에 사모님과 부부싸움을 했나?'

'갱년기라서 화병 증세가 심한 거야.'

'이번 승진누락에 대한 화풀이 아냐?'

하지만 상사의 불만을 자세히 들여다보면, 그의 지시를 잊어버렸거나, 긴급한 과제를 늦게 했거나, 중요한 사안을 미흡하게 처리했기 때문이다. 이런 경우를 방지하기 위해서 지시내용을 차곡차곡 정리해 봐야 한다. 상사는 각각 하나의 오더를 주지만, 그것이 모여서 나에게는 여러 개가 된다. 다수의 상사가 내리는 지시는 일목요연과는 거리가 멀다.

가령 이런 것들이다.

"베트남공장 론칭안 다 끝났나?"

"영업동향보고서는 어디에 있어?"

"사장님이 말씀하신 전시회 기안 되었지?"

"신제품에 대한 원가분석은 언제 되나?"

"아 뭐해? 지금 2시야. 판촉회의 자료 준비 끝났어?"

"홈페이지 리뉴얼 보고는 잘 되어가고 있지?"

이렇듯 상사들은 개별로 본인의 업무가 중요하고 긴급하다. 이러다 보니 내가 숙제를 할 시간이 없다. 이런 복잡한 오더들에 대하여 정리가 필요하다.

내가 가진 업무의 진척도를 오픈하면 오해가 사라진다

오더리스트를 만들어 보자.

엑셀에 순번, 항목, 업무 지시사항 등을 놓고, 내가 진행 중인 업무들을 프로젝트 단위로 묶어서 기재한다. 지시일과 마감일에 날짜를 적어서 언제 프로젝트를 지시받았고, 마무리했는지를 꼼꼼히 기록한다. 마무리가 된 프로젝트의 셀은 회색으로 표현하여, 진행 중인 프로젝트와 구분한다. 프로젝트별 중요도를 상·중·하로 구분하여 가장 중요하고 긴급한 것은 적색으로 포인트를 주어 신속히 처리한다. 특히 중요도를 잘 관리하면 상사의 울화병도 잠잠하게 만들 수 있다. 상사의 앵그리게이

지는 중요도가 높은 프로젝트의 진행 여부와 비례관계에 놓인다.

오더리스트를 주간, 월간, 연간 단위로 꾸준히 작성하다 보면 내 업무 부하량, 진척도, 직무구분 등 근거를 통한 다양한 정보를 얻을 수 있다. 업무보고에 활용함은 물론 상사가 시급히 찾을 때에도 오더리스트 한 장을 들고 가면 된다. 여러 상사들이 서로 본인의 자료를 요청하는 경우에도 여유를 갖고 정해진 납기에 제출이 가능하다. 업무부하가 너무 많은 경우에도 오더리스트를 가지고 팀장에게 찾아가야 한다. 업무가 일목요연하게 정리되어 있는 팀원을 나무라는 팀장은 없다. 이렇듯 오더리스트는 내가 가진 프로젝트를 숲에서 나무로 조망하며 To Do List로 요긴하게 활용할 수 있다.

업무 지시사항 정리

중요지시 | 긴급지시 | 완료

순번	항목	중요	업무 지시사항	지시자	지시일			마감일		담당자		비고
					방법	월	일	월	일	정	부	
1	국제포럼 참석	하	'21년 베트남 Robot국제포럼 추진회의 참석	팀장	구두	3	16	3	20	손홍만	진솔한	3/20, 여의도
2	대구전시회 회의	하	대구전시회 인도 클롬 대표 미팅 참석	본부장	구두	3	14	4	3	손흥만	진솔한	4/3, 대구
3	A로봇사업 제안	상	로봇시스템 EPC개발 제안(A사, 김대표) 검토	본부장	이멜	3	14	3	20	손흥만	진솔한	박은버 B 협업
4	사막탐사봇 보고	상	사막탐사봇 사업계획서 보고(QCDEF, 7M, 3C)	사장	이멜	3	1			진솔한	장태준	
5	전시회 참석	중	국제로봇엑스포 VIP참석 의전	팀장	이멜	3	13	4	5	진솔한		오찬까지 의전
6	베트남 세미나	하	베트남 산업무역부 AI 로봇총국 대표자	팀장	이멜	3	13	3	27	진솔한		3/27, 국회
7	중점 보고서	중	AI 버그봇 미래: 아이베스트 투자증권 레포트	팀장	이멜	3	13			진솔한		PPT자료작성
8	로봇 EPC보고	중	제주사업장 로봇EPC 설비 개선 방안 보고	팀장	이멜	3	21			진솔한		총비용 최적화

9	신규Item	상	중국 맥스웰봇 출장보고서(생산설비 검토)	팀장	구두	3	30			진솔한		공장장 협업
10	AI CM양산보고	중	4월 AI CM양산에 따른 Base자재 수급 보고	팀장	이멜	4	3			진솔한		쓰루풋 위주
11	AI EMS 시스템	중	가정용 AI EMS 보고서 작성(One Sheet)	팀장	이멜	4	5			진솔한	장태준	한장 요약보고
12	근태 ERP 시스템	중	재택관리(52hr) 명확화, 외근관리 체계화	팀장	구두	4	12			진솔한		
13	영업 업무일지	상	업무일지 ERP시스템화: 고객DB화, 고객회의록	본부장	구두	4	12			진솔한		전산팀 협의
14	AI 드론 소싱안	상	KAI社와의 협상안건 보고할 것	사장	회의	4	15			진솔한	장태준	100억 매출
15	AS관리방안	중	보고서: 체크리스트, 프로시저, 경쟁사AS안	팀장	회의	4	21			박인버	진솔한	
16	휴머노이드 부품	중	부품공급 계약서 검토: H社(4/30)	팀장		4	22			진솔한		구매,법무 협의
17	HB로봇 사업안	상	사업계획 200억을 금주까지 수립/보고할 것	본부장		4	25			진솔한	장태준	
18	팀별 MBO마감	중	각 팀별 MBO마무리 확인보고할 것	팀장	회의	4	26			진솔한		인사팀 협의
19	A사 미팅보고	하	A사와 5/2일 미팅동석(With.영업담당이사)	팀장	회의	4	27			진솔한		영업담당 협의
20	경비절감(案)	중	경비절감보고(마른수건짜기: 사무용품 절감)	팀장	회의	4	28			진솔한		
21	접대비 절감(案)	하	접대비가이드라인 선정(VIP, VVIP), 타사비교	팀장	구두	5	2			진솔한		
22	장기미수 보고	상	장기미수 보고(내용증명 발송, 추심진행 포함)	사장	회의	5	4			진솔한		
23	O&M조직관리	상	O&M인원 3명 제조로 이동실시(협업&보고)	팀장	구두	5	6			손홍만	진솔한	
..	..	..	..		..	..	..	..	..	..	..	..
..	..	..	..		..	..	..	..	..	..	..	..

13

보고서의 중요도를 한눈에 도식화한 4-Block Diagram

4-Block Diagram이란 한 장의 종이를 4등분하여 데이터, 프로젝트를 의미 있게 정리하거나 전략적으로 배치하는 것을 말하며, 예제로서 '아이젠하워 책상 정리법'이 있다. 미국의 34대 대통령 아이젠하워가 국정 운영상 복잡다난한 일들을 효율적으로 처리하기 위해, 집무실 책상 위의 결재서류를 중요한 것 위주로 구분·배치하여 업무 효율성을 높인 방법을 일컫는다.

이후 보스턴 컨설팅 그룹이 BCG[Boston Consulting Group] Matrix로 활용하면서 훌륭한 경영기법의 하나로 사용되었다. 기업의 제품개발과 시장전략 수립을 위해 가로축과 세로축을 각각 성장률과 시장점유율로 도표화하여 4개의 분면에 사업아이템을 배치하여 포지셔닝한다. 그 위치에 따른 향후 포지셔닝[Positioning]의 방향성을 결정하는 것으로서, 포트폴리오전략의 핵심적 툴Tool로 널리 사용되고 있다.

과제 수행할 보고서들을 4개 분면에 그룹핑한다

상사들의 지시사항을 오더리스트로 정리했다면 무엇이 중요한지를 한눈에 알아봐야 한다. 내가 아이젠하워가 되어보는 것이다. 오더리스트 중에 중요도와 긴급도를 기준으로 보고서를 4개 분면에 맵핑을 해보자.

긴급한 것과 중요한 것 중 어느 것이 더 우선할까? 보통은 긴급한 것을 먼저 하지만, 장기적으로 보았을 때는 중요한 것을 우선해야 한다. 그렇게 하려면 무엇이 중요한지가 구분되어야 한다. 오더리스트에서 중요도 상·중·하로 구분한 다음, 마감일을 순서대로 추린다. 엑셀에서

4-Block Diagram

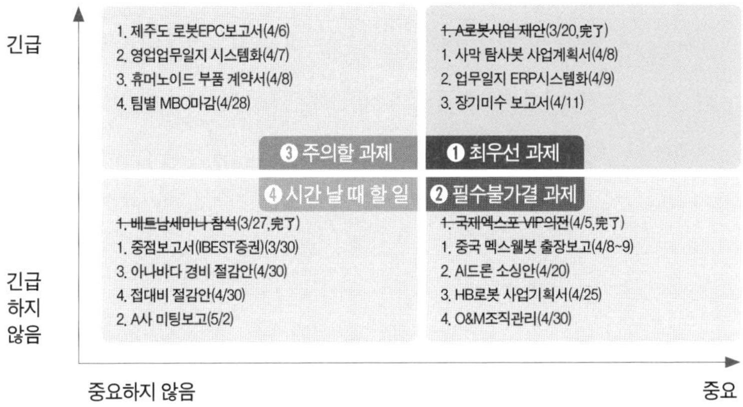

정리해도 좋고, 앞의 도표와 같이 메트릭스를 활용하는 것도 좋겠다. 특히, 상사의 지시가 많고 업무 우선에 혼선이 있는 경우에는 잘못하면 질책을 받기 쉽기에 4-Block Diagram이 유용하다. 한눈에 보고할 내용을 확인할 수 있고, 그중 우선순위를 정할 수도 있기 때문이다.

오더리스트에서 4-Block Diagram으로 프로젝트를 정리했다. 어떤 순서로 일을 해결해야 하는가?

가장 중요하면서도 긴급한 곳은 우측 상단의 빨간색 부분으로서 ① 최우선 과제이다. 그다음은 긴급하지는 않지만 중요한 것으로서 ② 필수불가결 과제를 해야 한다. 세 번째는 중요하지 않지만 긴급한 ③ 주의할 과제를 하면 된다. 여기에서 ② 필수불가결 과제와 ③ 주의할 과제 중 어느 것을 먼저 해야 하는가에 대한 갈등이 생긴다. 왜냐하면 흔히 긴급한 과제가 중요한 것보다 압박이 더 심하기 때문이다. 그러나 ② 필수불가결 과제를 해결하다 보면 ③ 주의할 과제가 점점 사라지게 된다. 결론적으로 ②번이 없어지면서 ③번이 자연스럽게 ②번으로 이동하게 되기 때문이다. 그 이후 ④번은 시간이 날 때 하면 된다. 이렇게 일을 나누어 보면 내 직무 중에 주된 업무에 대한 가치판단이 생긴다. 그곳을 집중적으로 공부해야 한다. 이렇게 구분된 4-Block을 9-Block으로 나누어 살펴보자.

중요하고 긴급한 프로젝트를 우선적으로 수행한다

9-Block Diagram

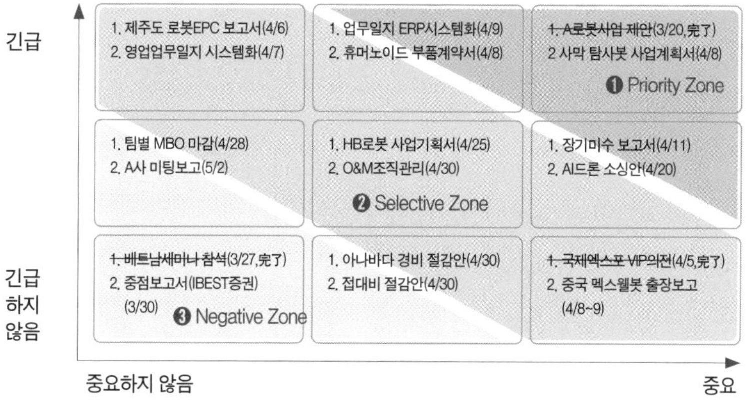

9-Block Diagram은 GE Matrix라고 한다. 잭 웰치로 유명한 세계적인 기업 GE에서 사업포트폴리오를 분석하기 위해 만든 기법이다. 우리의 프로젝트도 세분화시켜 보면 더욱 확실한 존Zone이 형성된다. ❶ Priority Zone은 최우선으로 진행해야 하고, ❷ Selective Zone의 프로젝트는 우선순위를 선택하여 진행해야 하며, ❸ Negative Zone은 단순한 일로서 시간 날 때 완수하면 된다.

14

보고 전쟁의 승리 전략 주간업무계획서 _ Weekly Scheduler

주간업무계획서는 전략적 활동의 지침서다

상사들이 나를 잡아먹을 듯이 업무지시를 하지만, 이제 유연하고 신속하게 대처할 수 있다. 상사가 원하는 납기일에 앞서 내가 업무를 처리하기 때문이다. 이제 프로젝트별 중요도까지 정리했으니, 계획적으로 업무를 수행하는 방법을 얘기하고자 한다.

주간업무계획서를 작성하는 것이다. 일주일간 무엇을 하고 어떤 일을 가장 중요하게 처리해야 하는지에 대하여 업무 차트와 중요 미션을 작성한다. 우선, 요일별로 오전, 오후를 구분하고 반복되는 회의를 기재한다. 차주에 진행해야 할 중요하면서 긴급한 업무를 하단 중요업무란에, 그 업무를 각 요일별로 배분한다. 배분된 업무는 시간을 고려하여 전략적으로 배치한다. 그 주에 해야 할 가장 중요한 일 3가지를 추린다. 적색으로 표시하고 반드시 주중에 해치운다. 매주 수요일의 오후 3시부터는 전략설계, 블루타임 등 아이디어 창출 시간을 넣는 것을 권한다. 미래 전략적 사업추진에 대한 새로운 제안의 창출 시간을 나에게 부여하는 것이다.

일주일을 설계하다 보면 무엇을 해야 하는지 확고한 이정표가 생긴다. 그것을 이루기 위해 지금 무엇을 해야 하는지를 알기에 사전행동을 이끌어낸다. 만일 차주 화요일에 투자심의 회의가 진행된다면, 나는 오늘 투자심의계획서 초안을 작성해 놓아야 한다. 이렇듯 주간업무계획서는 가야 할 명쾌한 방향성을 제시하고 행동을 진행하도록 돕는다.

주간업무계획서(Weekly Scheduler)

최우선 과제 | 고객관련 | 내부협의 | 학습/성장

<table>
<tr><th colspan="3">구분</th><th colspan="3">월요일(7/8)</th><th colspan="3">화요일(7/9)</th><th colspan="3">수요일(7/10)</th><th colspan="3">목요일(7/11)</th><th colspan="3">금요일(7/12)</th></tr>
<tr><th>항목</th><th>From</th><th>To</th><th>업무</th><th>중요</th><th>구분</th><th>업무</th><th>중요</th><th>구분</th><th>업무</th><th>중요</th><th>구분</th><th>업무</th><th>중요</th><th>구분</th><th>업무</th><th>중요</th><th>구분</th></tr>
<tr><td rowspan="6">오전</td><td>7</td><td>8</td><td>출근</td><td></td><td></td><td>출근</td><td></td><td></td><td>출근</td><td></td><td></td><td>출근</td><td></td><td></td><td>출근</td><td></td><td></td></tr>
<tr><td>8</td><td>9</td><td rowspan="2">팀장미팅</td><td rowspan="2">중</td><td rowspan="2">내부</td><td rowspan="3">"업무정리(제주사업장 PT)"</td><td rowspan="3">중</td><td rowspan="3">Me</td><td rowspan="4">경영혁신 과제선정</td><td rowspan="4">상</td><td rowspan="4">Me</td><td>업무정리</td><td>중</td><td>내부</td><td>주간업무 정리</td><td>중</td><td>Me</td></tr>
<tr><td>9</td><td>10</td><td>농가보급 로봇 기안</td><td>상</td><td>Me</td><td rowspan="3">"로봇EPC PF체결(YBK 금융증권)"</td><td rowspan="3">상</td><td rowspan="3">Me</td></tr>
<tr><td>10</td><td>11</td><td>용산이동</td><td rowspan="4">상</td><td rowspan="4">Me</td><td rowspan="2">DDC혁신 방안 정리</td><td rowspan="2">중</td><td rowspan="2">장S</td></tr>
<tr><td>11</td><td>12</td><td>A사미팅</td><td>전주출발</td><td rowspan="7">중</td><td rowspan="7">Me</td></tr>
<tr><td>12</td><td>13</td><td>중식</td><td rowspan="2">전주이동</td><td colspan="3">중식</td><td>중식</td><td rowspan="6">중</td><td rowspan="6">Me</td><td colspan="3">중식</td></tr>
<tr><td rowspan="5">오후</td><td>13</td><td>14</td><td>분당이동</td><td rowspan="2">"하반기 사업계획 발표"</td><td rowspan="2">상</td><td rowspan="2">Me</td><td rowspan="2">광주이동</td><td rowspan="3">업무일지 ERP화</td><td rowspan="3">상</td><td rowspan="3">Me</td></tr>
<tr><td>14</td><td>15</td><td rowspan="4">"A사 개발사업 입찰제안 및 PT"</td><td rowspan="4">상</td><td rowspan="4">Me</td><td rowspan="4">"B사 미팅(제주사업장 관련)"</td></tr>
<tr><td>15</td><td>16</td><td colspan="3">회사이동</td><td rowspan="3">AI정보타운 미팅</td></tr>
<tr><td>16</td><td>17</td><td rowspan="2">전략 설계시간</td><td rowspan="2">중</td><td rowspan="2">Me</td><td>레이아웃 선정회의</td><td>하</td><td>장S</td></tr>
<tr><td>17</td><td>18</td><td>MBO미팅</td><td>하</td><td>장S</td></tr>
<tr><td colspan="2" rowspan="5">중요업무</td><td>1</td><td>A사 입찰 참가 신청</td><td>상</td><td>Me</td><td>온라인 마케팅수립</td><td>중</td><td>Me</td><td>하반기 사업계획</td><td>상</td><td>Me</td><td>농가보급 로봇 기안</td><td>중</td><td>Me</td><td>로봇EPC PF진행</td><td>상</td><td>Me</td></tr>
<tr><td>2</td><td>AI관련 관공협업</td><td>중</td><td>Me</td><td>로봇lem 성장전략</td><td>중</td><td>Me</td><td>경영혁신 과제선정</td><td>중</td><td>Me</td><td>DDC혁신 방안 정리</td><td>중</td><td>장S</td><td>업무일지 ERP화</td><td>상</td><td>Me</td></tr>
<tr><td>3</td><td>휴머노이드 계약</td><td>하</td><td>장S</td><td>제주도 사업장 기획</td><td>중</td><td>장S</td><td></td><td></td><td></td><td>AI정보타운 미팅</td><td>중</td><td>Me</td><td>레이아웃 선정안</td><td>하</td><td>장S</td></tr>
<tr><td>4</td><td></td><td></td><td></td><td>영업견적 협조</td><td>하</td><td>장S</td><td></td><td></td><td></td><td></td><td></td><td></td><td>팀별 MBO 회의</td><td>하</td><td>Me</td></tr>
<tr><td>5</td><td></td><td></td><td></td><td>업무정리</td><td>하</td><td>장S</td><td></td><td></td><td></td><td></td><td></td><td></td><td></td><td></td><td></td></tr>
</table>

코칭다이어리는
전략적 코칭의 나침반이다

여러분이 만일 팀장 혹은 중간관리자인 경우에는 주간업무계획보다는 코칭다이어리를 작성하면 된다. 코칭다이어리는 나 자신의 주간 일정과 함께 팀원들에 대한 과제수행을 소통하는 스케줄러이다. 엑셀로 작성하면 상당히 편리한데, 지속적으로 일주일 치 셀을 복사해서 사용하면 되기 때문이다.

먼저 주간 스케줄을 입력하고, 상사의 중요사항을 기재한 후, 팀원의 주요계획과 코칭할 내용을 기재한다. To Do List는 주간에 반드시 해야 할 일들을 기재하고 타깃화하여 관리한다. 매주 작성한 다이어리는 향후 팀원들의 평가나 면담 시에 활용도가 높다.

팀장이 스케줄러를 작성하면 팀원들도 작성하게 되어 있다. 팀장 일정에 맞추어 업무를 정리하는 습관을 형성하기 때문이다. 핸드폰 일정표에 저장하거나 각종 편리한 앱을 사용하여 스케줄링하는 것도 좋은 방법이다.

주간업무 및 코칭다이어리(Coaching Scheduler) 리뉴얼

7/8~14

H: 운동, M: 미팅, R: 보고, I: 면접, B: Blue Time, S: 학습, D: 이동, E: 식사

1. 주간업무계획 및 위임현황

시간	월요일7/8			화요일7/9			수요일7/10			목요일7/11			금요일7/12		
	내용	구분	위임	내용	구분	위임	내용	구분	위임	내용	구분	위임	내용	구분	위임
05:00~06:00	독서, Writing	S		독서, Writing	S		독서, Writing	S		독서, Writing	S		독서, Writing	S	
06:00~07:00	만보	H		만보	H		만보	H		만보	H		만보	H	
07:00~08:00	출근			출근			출근			출근			출근		
08:00~09:00	임원조회	M					유채국박사 강연	M							
09:00~10:00															
10:00~11:00	A사 미팅	M	김대리	김상식대표 미팅	M	김대리	최혁신부장 미팅	M	박주임						
11:00~12:00													사업관리미팅	M	
12:00~13:00													구매팀 중식	E	
13:00~14:00	13:30 팀장회의	M		B사 제품개발 미팅	M	최사원									
14:00~15:00	"						C사 EPC 사업 미팅	M	김대리				D사 제조사업 미팅	M	최사원
15:00~16:00	"									광주개발공사 미팅	M	박주임			
16:00~17:00	ESS사업 미팅	M	김대리												
17:00~18:00															

2. 사장님 지시사항

일자	순번	구분	내용	납기	담당	완료
6/30	1	입찰준비	C사 EPC사업 입찰 수주할 것	7/14	김	
7/1	2	입찰준비	광주개발공사 Z-Pjt 입찰준비	7/13	박	
7/2	3	혁신기획	혁신분과 진행사항 보고할 것	8/2	팀장	
7/8	4	경영기획	하반기 경영기획 보고할 것	8/15	팀장	
7/14	5	자료준비	D사 제조사업 자료준비 및 보고	8/20	최	
..	..	..	..	..	..	
..	..	..	..	..	..	

3. 팀원 주간계획/ 코칭다이어리

성명	순번	구분	내용	완료
김대리	1	입찰준비	C사 EPC미팅자료 준비	
	2	견적작성	김상식대표 제안서 작성	
	3			
박주임	1	미팅준비	최혁신부장 미팅준비	
	2	입찰준비	광주개발공사 미팅준비	
	3			
최사원	1	견적작성	B사 제품개발 자료준비	
	2	자료준비	D사 제조사업 자료준비	
	3			

월간 To do List

순번	내용
1	C사 EPC수주
2	광주개발공사 협업
3	B사 제품개발 진행
4	D사 제조사업 준비
5	김상식대표 제안서

15

오마주한다. 한 사람을 위한 보고서 _ VIP Order List

오직 한 사람만을 위해 리스트를 만들어보자

오늘도 팀장은 계속 업무를 지시한다. 업무를 지시한 것이 하도 많아서 휴일에도 환청이 들릴 정도이다.

"어제 지시한 개발사업 기획안 어떻게 되었지?"

"며칠 전에 얘기한 AI드론 마케팅 방안은 다 되었으면 좀 줘."

"지난번에 급하다고 카톡 보낸 것 있잖아. 신제품 제조 아웃소싱 방안 말이야. 내일 아침 회의야. 출력해줄래?"

팀장은 왜 이리도 많은 업무를 나에게만 지시하는 것일까? 팀에 나만 있는 것도 아니고, 다른 팀원들은 초원의 말들처럼 저렇게 여유롭게 채팅하고 있는데, 나는 사무실에서조차 뛰어다니곤 한다. 팀장은 내가 일이 없다고 생각하나? 아니면 일을 시킨 것을 잊어버린 것인가?

사실 팀장도 모든 것을 보고 있을 것이다. 팀장이 나에게 일을 집중적으로 시킨다는 것은 내가 그만큼 일을 잘해서이다. 그러나 편중된 부하량은 직장생활에서는 독이 될 수 있다. 잘하는 사람은 비슷한 연봉을

VIP Order List

최우선 과제 | 진행완료 | 문제사항

순번	팀장 지시사항				진행현황			비고
	항목	중요	세부내용	기한	예정	현재 진행사항	향후 방향성	
1	국제포럼 참석	하	'21년 베트남 Robot국제포럼 추진회의 참석	3/20	완료	3/20일 여의도에 참석완료 (미래 로봇포럼 보고서)	각 팀별 포럼방청 참석필요 아이템별 미래현황 보고	
2	전시회참석	중	국제로봇엑스포 VIP참석 의전	3/22	완료	4/5일 의전 완료		
3	베트남 세미나	하	베트남 산업무역부 AI로봇총국 대표자 세미나	3/25	완료	4/3일 세미나 진행완료	자료 사전 작성(각 팀) 취합 및 세련화(기획팀)	
4	중점 보고서	중	AI 버그봇 미래: 아이베스트 투자증권 레포트	4/8	4/6	중요내용 발췌완료(3장) 1Sheet 정리중	1차보고(4/5), 종결보고(4/6)	본부장 보고
5	로봇 EPC 보고	중	제주사업장 로봇 EPC설비 개선 방안 보고	4/8	4/7	제주사업장 방문완료 (3/25) 로봇설비 개선방안 작성중	종결보고 예정(4/7)	
6	신규Item	상	중국 맥스웰봇 출장보고서(생산설비 검토)	4/10	4/9	중국출장 완료(4/1~3) 생산설비 Capa.검토중	생산설비 전문가 동행요망 시뮬레이션 메트릭스 작성	중간보고 (4/3)
7	AI CM양산 보고	중	4월 AI CM양산에 따른 Base자재 수급 보고	4/12	4/11	로봇Base성능 테스트 (4/1) 테스트자료 전달받음 (4/3)	자재수급관련 보고서 작성 양산보고서 작성예정 (4/11)	최초보고 (4/4)
8	AI EMS 시스템	중	가정용 AI EMS 보고서 작성 (One Sheet)	4/15	4/17	EMS정보 수집 어려움 가정용AI 사업진행 불투명	가정용AI 기술부미팅 (4/1) EMS부서와 협업미팅 (4/5)	보고방향 설정요망
9	근태 ERP 시스템	중	재택관리(52hr) 명확화, 외근관리 체계화	4/15	4/17	근로기준법 점검 (인사팀) 재택관리 Tool정비	근태관련 전산미팅(4/2) 재택관리 방향미팅(4/3)	보고방향 설정요망

받으면서 오히려 많은 일을 해야 하기 때문이다. 멋지게 업무로부터 벗어날 수 있는 방법이 없을까?

팀장을 VIP로 모시는 것이다. 팀장이 나에게 지시한 것을 별도로 스케줄링해보자. 팀장만을 위한 지시사항 업무보고서를 사전에 준비해 놓는 것이다.

팀장이 또 나를 찾는다. 진행보고서로 설명을 드리면 된다.

"팀장님이 일자별로 지시하신 사항을 정리해 보았습니다. 지금 말씀하신 5번 로봇EPC 기획안은 현재 로봇설비 개선안 부분을 작성 중이며, 4월 7일까지 종결보고 드리겠습니다. 그리고, 9번 ERP 시스템은 근태관련 전산미팅을 통해 진행해야 하기에 시간이 좀 더 필요합니다."

팀장은 자신만을 위해 만든 스케줄표에 매우 흡족해할 것이다. 그리고 부하량이 너무 많이 편중되어 있다고 판단하여 업무를 다른 팀원에게 분배해 줄 수도 있다. 만일 본부장, 사장 등 나에게 직접지시자가 있다면 별도로 이렇게 만들어 두면 관리가 편하다. 본부장 혹은 사장이 찾으면 역시 진행보고표 한 장만 가져가면 질문에 전략적인 답변이 가능하다. 상사들은 내가 준비된 사람이라고 판단하기 때문에 신뢰를 쌓을 수 있다.

일의 맥을 잡아주세요
_ 이정표Milestone

팀장이 찾는다.

"내가 지시한 제조사업계획서는 어느 정도 진척되었나? 왜 보고가 없어? 오늘까지 기한을 주었으면 마무리가 안 되었어도 일정이라도 보고해야 하는 것 아닌가? 요즘에는 윗사람을 생각하지 않고 일들을 한다니까."

팀장은 어제 일을 시키고, 오늘 자료를 달라고 한다. 자고 일어나면 누군가 보고서를 내 책상에 놓아주었으면 좋겠다. 자료 준비만 해도 일

신제품 사업계획서 이정표(Milestone)

순번	구분		주요내용	담당	일자	Schedule								
						10월			11월			12월		
						10	20	30	10	20	30	10	20	30
1	사전 기획안 작성		신제품 운영현황, 문제점, 개선점	신차장	4/16		16							
2	교육	AS교육	이론(김박사), 출하검사, 모니터링(안박사)	신차장	4/21~22			22						
3		기술교육	K사 엔지니어 방문(AS방안)	~~윤과장~~ (김대리로 변경할 것!)	4/27			27						
4	충원	면접	면접 실시(영업, 제조, AS 등)	인사팀	4/13		13							
5		채용	면접 지속실시 및 인원충원: 영업2, AS1명		~5/30						30			
6	조직	점검	조직점검: 부서 및 리더변경		4/17		17							
7		변경	조직변경 발표		4/20		20							
8	판매 제도	인센티브	신제품 판매 팀인센티브제도 운영(2022년) 목표금액: 100억, 100억초과시 영업이익의 10% 예) 380万*10%= 38万*2631대= 10억*10%=1억	윤과장	~6/30									30
9														
10														
11	문제 해결	검사	출사검사: 기술영업 협조(2명, ~5월)	신차장	5/30						30			
12		능력	AS능력 증진: 인력채용, 교육 및 현장튜닝	윤과장	~6/30									30
13		재고	성수기 최소한의 재고보유 실시 협조		~6/30									30
14		창고	창고를 B공장 이관검토, 협의, 보고	김대리	5/30						30			
15			ERP 입출고관리, 재고관리 및 물류단일화											
16	A/S 소싱	계약	당사 & C社 AS 계약		5/30						30			
17		Start	C社 AS진행		6/1~30									30

주일 이상 소요되는 기획안을 어떻게 하루 만에 보고가 가능한가? 혹시 팀장님이 지시한 날짜와 보고일을 헷갈리는 것은 아닐까? 이런저런 푸념과 책망이 섞이며 힘이 빠진다. 팀장은 진정 치매 초기 아닌가?

곰곰이 생각해 보니, 이런 경우에 팀장이 필요한 것은 해당 프로젝트의 개괄적인 일정보고이다. 즉 지시한 내용을 내가 잘 이해했는지, 진행을 어떻게 할 것인지를 일정 형태로 중간보고를 원하는 것이다.

중간보고를 말로 설명하려면 힘들다. 간트차트를 이용해 일정을 작성해 보자. 좌측에는 해야 할 업무, 담당자, 주요 내용을 담고, 우측에는 해당하는 일정을 정리해 보았다. 그러자 갑자기 깨닫는 것이 있다. B업무 이전에 A업무가 선행되어야 하는 등 일의 선후가 한눈에 보이고, 최고의 적임자가 눈에 띈다. 즉, 내가 전부 다 할 수는 없는 것이다. Milestone(이정표)를 한 장 요약하여 팀장에게 설명을 드렸다. 팀장은 매우 만족하면서, 자신의 생각을 덧붙여 지시한다.

"음, 잘했어. 다만 기술교육 부분은 김 대리가 적임이지."

이렇게 지적하는 그의 눈이 빛난다. 그는 최종본 이전에 방향성을 원하는 것이다. Milestone으로 팀장도 상위보고를 하며 본부장의 채근을 벗어나는 것이다.

16

100장을 한 장에, 천 마디를 한 줄로 _ One Page Proposal

간결하게 처리한다고 영혼까지 없으면 곤란하다

패트릭 G. 라일리가 2002년에 집필한 《The One Page Proposal》에서는 두껍고 무거운 기획서보다는 한 장에 압축, 간결하게 담아내야 한다고 얘기했다. 미국독립선언서, 권리장전 등 역사적으로 위대한 문서는 모두 한 장에 요약되어 있다는데 기인한다.

우리는 시간이 없을 때 내용을 알차게 만들겠다는 것보다는 키워드만 가지고 포장을 잘 해야겠다고 생각한다. 그런 경우 여지없이 "영혼이 없다."라는 핀잔을 듣는다. 멋진 도표와 그래프로 적당히 때우면서 포만감 가득한 보고서로 상사를 현혹하는 것으로부터 벗어나고 싶다면, 한 페이지로 요약하는 정리법을 배울 필요가 있다.

본서 3장에서 다루는 좋은 보고서의 예제를 먼저 살펴보자. 한 장 정리법의 우수한 예제가 된다. 우리가 만일 '매출 증대, 수익 확보, 조직문화 활성화를 통한 조직혁신방안'의 작성 지시를 받았다면, 9페이지 이상의 보고서를 떠올리게 된다. 고스트팩으로 대충 그려보면 아래와 같은 생각을 하게 된다.

조직혁신방안 PPT 고스트팩

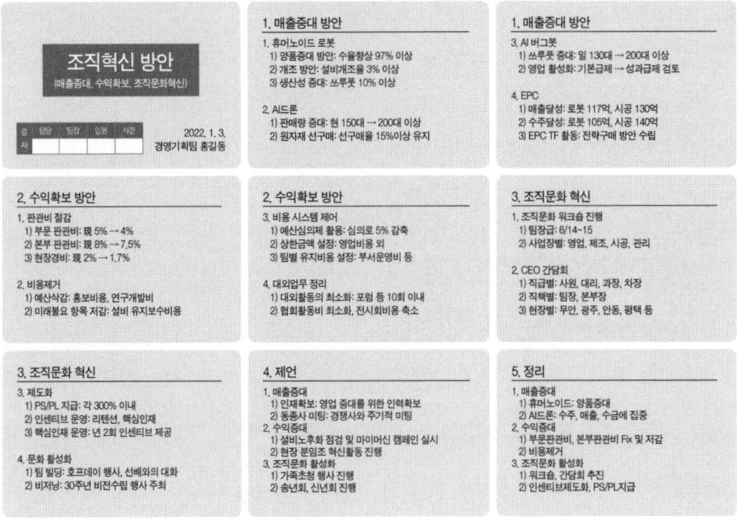

이렇게 구구절절한 내용을 보고하면서 중언부언 설명하게 된다. 그러면 상사가 말한다. "내용이 너무 많잖아. 핵심이 뭔가? 정리를 좀 해줘."

하긴 9장을 전부 볼 시간이 어디에 있는가? 구두로 보고를 받는 경우도 많고 나중에 읽어 본다고 하면서 쌓아놓은 결재판 사이에 들어갈 것이다. 그러나 단 한 장에 요약한다면 상사도 집중해서 볼 것이다. 9장을

1장에 요약하였으므로 주장하는 바가 명확해진다.

아래는 조직혁신방안을 한 장에 정리한 예시이다. 9장과 비교했을 때 어떤가? 준비과정이 압축되고, 시간이 절약되며, 내용을 완전히 숙지해야만 나올 수 있는 자료이다. 전체의 윤곽을 잡아주고, 일정한 형식을 갖추었으며, 한눈에 들어온다.

조직혁신 방안(One Page Proposal 예시)

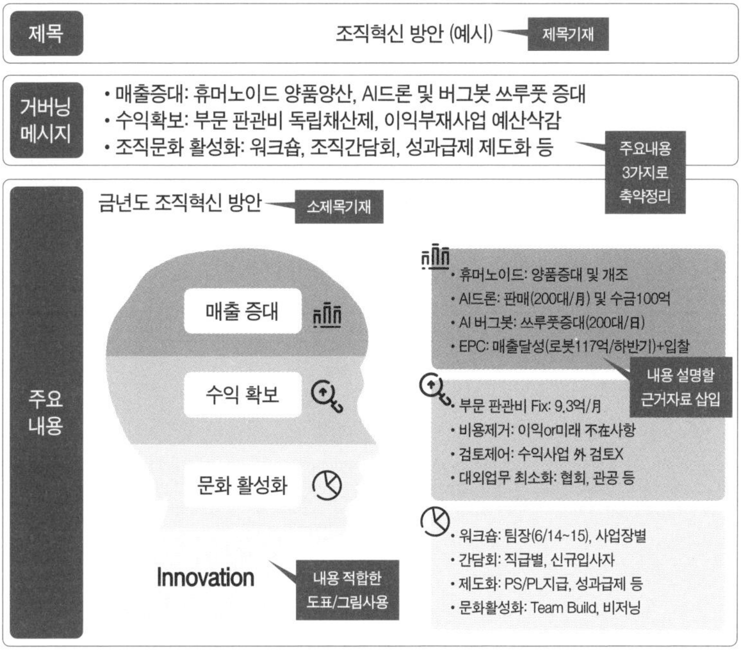

한 페이지에 요약해도 핵심은 살아있어야 한다

예시를 하나 더 살펴보자. 스마트버드는 개발이 완료되어 판매가 진행되고 있는 아이템이다. 연구소에서 영업본부로 제품을 조직이관해야 하는데, 현재까지 개발된 내용, 판매량, 재고 등을 한눈에 볼 수 있도록 정리하라는 팀장의 지시다. 자료를 정리하기 위해서는 먼저 개발의 개요를 정리하고 개발현황을 살펴봐야 한다. 그리고 사업을 진행한 구도로서, 양산 및 발주구조를 확인해야 한다. 영업팀에 이관하기 위해서는 판매된 수량과 현재 재고에 대해서도 점검해야 하고, 마지막으로 주요 이슈를 정리해야 한다. 나름대로 관련 문서와 계약서를 검토하고 창고에 가서 전수검사를 실시하여 재고를 확인했다. 그동안 판매한 수량이 명확하지 않아서 집계에 애를 먹었다.

"강 대리. 나 좀 볼까? 차주에 지시한 스마트버드 사업은 어떻게 되었나? 으흠~ 내용을 정리한 것이 이건가?"

팀장이 뭔가 마음에 안 드는 모양이다. 긴장감이 흐른다. 내가 어제 야근을 해가면서 공을 들여 만든 자료이다.

"스마트버드 관련해서 지금같이 9장은 너무 많아. 이걸 어떻게 본부장께 보고드리나? 개발과정과 현재 재고현황과 납품현황을 한 장에 정리 좀 해줘. 한 장에."

참 이분도 편하게 살려고 한다. 9장을 봐도 잘 모르겠으면, 요약된 한 장을 어떻게 이해한단 말인가?

스마트버드 PPT 고스트팩

상사는 왜 간소한 것에 집착할까? 잘 이해는 가지 않지만 아마도 그의 머리가 복잡하기 때문일 것이다. 그의 뇌를 맑고 시원하게 만들기 위해서는 복잡한 것을 심플화하고, 중요한 것을 압축시켜야 한다. 힘들지만 보고자료를 한 장에 정리해 보았다. 더는 질문 없이 결재판을 들고 나가는 팀장의 뒷모습을 보면서 덩달아 기분이 상쾌하다.

스마트버드 개발현황 보고(One Page Proposal 예시)

제목	스마트버드 개발현황 보고(예시)
거버닝 메시지	• 개발현황: 개발(Bird 및 ESS, 알파버전), 양산 및 CE인증 得 • 출고(Bird 1,371, ESS 1,705), 재고(Bird 629, ESS 295) • 주요이슈: 관공 600대 출고미정 외에 사업이관상 문제 없음

주요 내용

스마트버드 개발, 제조현황 보고

01 개발현황

• 개발: Bird, ESS(알파)
• 양산: ESS+윙바디
• 기타: CE인증, KC인증
• 상표: Panent(디자인)

02 출고, 재고

• 출고
Bird 1,371, ESS 1,705
• 재고
Bird 629, ESS 295

03 주요이슈

• 관공: 600대 출고미정
• 장기재고 637대 정리完
• ESS 9파렛 정리完
• 윙 19파렛 정리完

사업구도

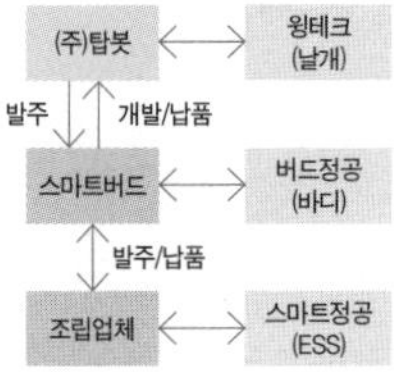

History

2022. 1. 개발지시(CEO)
2022. 3. 정부과제 수행
2022. 4. 협력사 협약식
2022. 6. 개발품평회
2022. 7. 알파버전 개발

3장

미흡한 보고서와 좋은 보고서

17

세상에 나쁜 보고서는 없다

불성실한 태도가 부실한 보고서를 양산한다

세상에 나쁜 보고서는 없다. 작성자의 불성실함이 미흡한 보고서를 양산하는 것이다. 보고서 작성자는 우선 성실해야 한다. 지시자의 손만 바라보고 만들 것이 아니라, 심중을 헤아리고 문답을 하면서 작성해야 한다. 상사는 작성자의 보고서를 받아드는 순간 그가 성실하게 임했는지 알아챈다. 그러고는 질문한다. 몰라서 묻는 것이 아니다. 알면서도 어떻게 생각하면서 보고서를 그려냈는지를 파악하기 위함이다. 대부분의 상사는 억까(억지로 까기)를 원치 않는다. 자신의 시간을 낭비해 가며 뭐하러 작성자에게 린치를 가하겠는가?

보고 사례

팀장이 박 대리에게 A프로젝트 입찰에 대하여, 차주 월요일에 상신할 요약보고서 작성을 지시했다. 박 대리는 목요일에 숙제를 받고는 퇴근 무렵에 생각한다. '시간도 있는데 내일 작성하지 뭐.' 그러고는 호프집으로 가서 시원한 생맥주로 목을 축였다.

그러나, 금요일에는 차년도 사업계획수립 워크숍이 있어서 온종일 회의를 진행하느라 작업을 하지 못했다. 토요일은 어영부영 지나가고, 일요일이 되어서야 정신을 차린다. 정리해야 할 입찰자료를 살펴보니 무려 100장이 넘는다. '이걸 어쩐담' 하며 어쩔 수 없이 대충 정리를 했다. 프로젝트명, 주요 내용, 입찰 전 소요비용, 투찰금액, 리스크…. '리스크에 대하여 팀장에게 물어봤어야 하는데… 에잇, 뭐 할 수 없지. 그냥 대충 팩트만 기재해 놓지 뭐.' 이런 식으로 정리를 하고는 잠이 들었다.

월요일 아침 박 대리는 팀장에게 아침부터 깨지고 있다.

"박 대리. 후배들 보기 부끄럽지 않나? 이걸 내가 어떻게 임원회의에 보고하라는 거야?"

박 대리가 우물쭈물 답한다.

"팀장님. 팩트 위주로 정리를 했습니다."

팀장은 안경을 내려놓고 언성을 높인다.

"프로젝트의 개요는 알겠어. 그러나 입찰 전 소요비용, 투찰금액, 리스크는 사전에 확인을 했어야 하잖아. 그럼, 목요일과 금요일에 나에게 검토를 받아야지. 내일이 입찰인데, 이제 와서 어떻게 하자는 거야?"

박 대리는 울상이 되었다.

"아시다시피, 금요일은 전체 워크숍이라서 더욱 상의할 시간이 없었습니다."

팀장은 일갈한다.

"그렇다면, 워크숍 중간에 나에게 와서 보고를 해야지. 그럼 내가 시간을 쪼개던지 정리를 해 줄 것 아닌가? 그리고 일의 경중이 있지 않은가? 현재 긴급한 것은 무엇인가? 당장 사업해야 하는 입찰이 중요한 것 아닌가? 왜 그렇게 생각이 없나?"

박 대리는 고개를 숙인다.

"자네는 입찰 전 소요비용은 어떻게 처리할 거야? 투찰금액을 얼마에 낼 거야? 그리고, 이 회피불가결한 리스크에 대한 헷지방안은 도대체 뭐야? 말해보게."

박 대리는 그제야 지난 4일간 자신이 해야 할 일을 안 했음을 깨달았다.

"내 말뜻 알지?"는 이미 오답으로 가는 지름길이다

이심전심以心傳心이라는 고사성어가 있다. 마음에서 마음으로 전한다는 뜻으로, 불교에서 심오한 진리를 깨닫게 해주는 말이다. 즉, 텔레파시로 의미를 전달한다는 것이다. 보고서를 지시하고 작성할 때에는 이심전심이 통하지 않는다. 오히려 이서전서以書傳書가 맞다. 말보다는 글로 전달해주어야 한다.

지시자가 말하고 담당자는 받아적던 시대는 지났다. 지시자도 적극적으로 적어서 주는 등 의미전달을 명확하게 해야 한다. 내가 발한 것은 내가 아는 단어들의 조합이다. 상대방은 내 단어를 다르게 경험했을 수 있다. 여기서부터 엇갈림이 시작된다.

"강 대리, W프로젝트 있지? '내일'까지 예산심의 의결안 만들어 놔야 해. 급해."

부장이 이렇게 얘기하면 강 대리는 '내일 퇴근 전'까지로 해석한다. 당연하다. 뭣 하러 내일 아침까지 해야 하는가? 그러나 부장은 '내일 오전'까지 해주리라 믿는다. 왜? 부장이 담당이었을 때 으레 그래왔고 급하다고 언급했으니까. 그러나 그건 부장이 겪은 시절에 쓰던 개념이다. 이렇듯 내일이라는 단어에는 부장과 강 대리가 느끼는 심각한 온도 차이가 있다.

내일 아침이 되면 부장이 강 대리를 불러 이렇게 다그칠 것이다.

"자네는 내 말뜻을 전혀 알아듣지 못하는군. 그런 정신머리로 전쟁에서 살아남을 수 있겠어?"

강 대리는 한마디 하고 싶어도 참을 인(忍)을 가슴에 새기며 입술을 깨문다. 이런 경우, 부장은 명확하게 오더를 내리거나 문자를 보내야 한다.

"내일 오전 12시까지, W프로젝트에 대하여 (a) 예산가결, (b) 예산추가, (c) 예산부결로 각각의 방향을 정리해서 2장 이내로 보고해 줘."

지시자가 5분만 자세히 설명하고 끄적거려주면 작성자는 한 시간을 절감할 수 있다. 상사의 시간도 소중하지만 회사 전체를 고려하면 작성자의 고민도 돈이기 때문이다. 지시자도 "구체적으로 내일 14시 까지 작성하면 되겠습니까?"라고 적극적으로 마감시간을 체크함으로써 유연한 일정수립과 함께 언어를 통합할 수 있다.

치열한 질문 없이
섬세한 보고서는 창출되지 않는다

지시자와 작성자의 동상이몽은 결국 미흡한 보고서를 뱉어낸다. 지시자도 명확한 방향과 의도를 설명해 주어야 하지만, 작성자도 어떻게 하면 단번에 끝낼 수 있는지를 고민해야 한다. 하지만, 그런 고민을 혼자서 풀어낼 때까지 회사가 기다려주지 않는다. 촌각을 다투는 경우가 다반사다. 이런 경우는 어떻게 해야 하는가? 물어야 한다. 그냥 그것이 전부이다.

우리가 SNS 문자에 물음표(?)를 넣으면 답하지 않을 수 없다. 물음표가 들어가면 답변을 해야 한다는 강박이 생기기 때문이다. 특히, 작성자의 질문에 답변을 회피하는 지시자는 없다. 그도 그런 과정을 통해 성장했기 때문이다. 오히려 지름길이나 정곡을 알려주는 경우가 많다. 일부러 작성자를 멘토로 키우려는 의도가 있는 경우를 제외하고 신속한 마무리를 해야 하기 때문이다.

보고 사례

아파트 시공현장에서 소장이 김 대리와 최 대리를 불러 지시한다.

"금번 거 뭐야. 왜 이렇게 업체들이 본사 구매로 연락을 많이 하나? 추석 명절이 다가오니까 자금을 당겨서 지급해 달라는 건 이해하겠는데 정도껏 해야지. 본사 구매팀에서도 현장의 상황을 물어왔어. 그래서, 업체별로 시공진척률과 기성 올린 것 있잖아. 그거 비교해서 보고를 해 줘. 과기성업체는 제외하고 정

상적인 업체만 정리해서 줘. 김 대리는 A시공구, 최 대리는 B시공구. 내일 오전까지야. 알았어?"

그러면서 어제 먹은 술로 죽을 것 같다면서 나가버린다. 발등에 불이 떨어졌다. 김 대리는 A시공구 현장사무실로, 최 대리는 B시공구로 각각 출발했다. 김 대리는 A시공구의 100개 업체를 전부 조사하기 시작했다. 100개 업체 중 과기성을 청구한 업체가 20개였고 나머지는 진척률과 기성청구가 거의 일치했다. 20개 업체가 시공 초기에 작업을 진행한 것을 청구하는 경우도 있으므로, 이것을 명확히 알고 있는 사람은 소장뿐이다. 지금은 밤 10시. 잠들었을 소장에게 전화를 할 수는 없다. 하는 수 없이, 업체에게 사전업무 진행확인의 이메일을 보내고, 기성청구내역을 밤을 새워 정리했다. 아침에도 시간이 모자라서 12시가 다 되어서야 정리가 되었다. 소장에게 출력물을 보고하러 갔다. 소장이 묻는다.

"김 대리, 왜 이렇게 늦었어? 최 대리는 오늘 아침에 주던데."

김 대리는 소장과 최 대리를 번갈아 보면서 묻는다.

"예? 어떻게 그렇게 빨리?"

소장은 웃으며 말한다.

"최 대리가 밤 11시쯤 전화를 했더라고. 무척 귀찮더군. 하지만 일을 신속히 하기 위함이니까. 사전시공이 누락된 업체를 알려달라고 하더군. 한 20개 업체를 카톡으로 보내왔길래, 8개 업체를 알려주었지. 8개 업체를 꼬치꼬치 물어보더라고. 잠 좀 자자 했는데, 전화를 끊을 것 같지 않아서, 한 업체씩 답변을 해 주었어. 그랬더니 문제가 있는 12개 업체를 제외하고 약 88개의 업체에 대한 기성을 잘 정리해 왔어. 김 대리, 자네는 어떻게 정리했는가?"

김 대리는 충혈된 눈으로 소장을 바라볼 뿐이었다.

이 예제는 단 하루의 에피소드이지만, 일주일 이상 걸리는 프로젝트를 질문과 상의 없이 진행했다가 낭패를 본 사례는 차고 넘친다. 소장도 피곤하고 자야 한다. 그러나 그도 그런 절박했던 경험이 있었을 것이다. 내가 지시를 했지만, 누가 더 달려들어 일을 해결하는가를 시험함에 있어, 해답을 갈구하는 자에게 힌트를 주는 것은 당연하다. 복잡한 지하철에서 원하는 탑승구에 가려면 역무원에게 묻는 것처럼, 에둘러 앱을 보거나 안내판을 찾으며 시간을 낭비할 필요는 없다.

18

상대를 안락하게 만드는 것이 좋은 보고서다

지시자와 같은 편이 되어 작성한다

'지시자는 내가 보고서 작성하는 것 자체를 싫어하는 것은 아닐까?' 가끔 이런 의문이 든다. 나름대로 죽어라 만들어서 보고하면 질책을 하고 답하기 어려운 부분을 파고들어 지적한다. 맨 처음에는 세대 차이라고 생각했는데, 그의 논리가 전부 틀린 것은 아니기에 잠시 어리둥절하기도 한다.

학창 시절 팀프로젝트에서는 반박을 잘해서 우수한 점수를 받던 나였는데 도대체 직장에서는 통하지 않는다. 보고서 작성을 게임으로 본다면, 과연 내 편은 누구일까? 바로 지시자다. 누구보다도 잘 작성하기를 바라는 내 편은 아이러니하게도 지시자인 것이다. 그렇기에 내가 지시자의 입장에서 보는 것이 중요하다.

평론의 신이라 불리는 고바야시 히데오는 〈인간의 전설〉에서 비평에 대해 이렇게 말했다.

"그 사람이 되어보는 것이 비평의 비법입니다. 그 사람의 몸이 되면 이후에는 자연스럽게 내면을 평론할 수 있습니다."

그 사람이 되어보면 게임이 끝난다는 얘기이다. 내가 지시자로 빙의할 정도가 되면 보고서는 말할 수 없이 편해진다는 말과 동일하다.

보고 사례

김 상무가 심 과장을 불렀다.

"어제 P건설 장 상무와 협의했던 '연료전지사업 추진안'을 정리해서 차주까지 MOU(Memorandum of Understanding)할 수 있도록 보고서를 작성해 주세요."

심 과장은 시간이 없음을 투덜거리며, P건설과 협의한 것을 정리하기 시작했다. 어제 P건설 장 상무와 만난 것을 기반으로 정리를 해야 한다. 그런데, 어제 우리 김 상무와 장 상무가 얘기한 것은 그렇게 깊숙한 내용이 아니며, 양사의 MOU를 할 정도의 분량이 나오지를 않았다. 소위 연예프로그램에서 모자란 방송 분량의 대안(필름)을 찾아야 하는 상황이다.

이를 어쩐다? 심 과장은 김 상무의 입장을 생각했다. '김 상무는 사업하기 전에 왜 MOU를 체결하기를 원하는가? MOU는 단순히 사업 초기의 양해각서가 아닌가?' 생각을 깊게 하다가 문득 떠올랐다. 김 상무는 정식적인 사업론칭보다는, 사업을 시작한다는 명분을 대외적으로 강조하기 위한 것 즉, 홍보를 원하는 것이구나.

우선 MOU 일시, 장소, 내용, 내빈 등 MOU 기초안을 한 장 정리하여 P건설 담당자에게 카톡을 보냈다. P건설 담당자도 좀 더 정교하게 다듬어서 회신했다. 보고서를 작성해서 우선 홍보팀에 의견을 들었다. 홍보팀은 좋은 내용이라며, 즉석으로 보도용 기사를 만들어서 회신을 해주었다. 심 과장은 김 상무에게 MOU 초안과 보도기사를 보고했다. 김 상무는 매우 기뻐하며 사진을 한 장 찍어 장 상무에게 카톡을 보내며 말했다.

"P건설 장 상무도 매우 좋아하는군. 역시 자네가 내 마음을 잘 아는구먼. 수고했어. 내가 부사장께도 보고를 드릴게."

부사장에게 다녀온 김 상무는 얼굴이 상기되어 말한다.

"사장님이 직접 참석을 하신다는구먼. MOU 기안이 아주 좋았어."

최종고객을 간파하여 지시자를 아우른다

근래 직장에서는 대부분 팀제를 선호한다. 과거에는 팀장이 A차장에게, A차장이 B과장에게, B과장이 C대리에게 지시를 하고 각각 확인과정과 결재를 득했지만, 지금은 팀장이 개별적으로 A차장, B과장, C대리에게 직접 과업을 주고 결재하는 신속함을 가진다. 팀제는 시대에 맞게 개별직무 선호, 임파워먼트 독려, 멀티플레이어 양산으로 업무처리가 스피드하기 때문에 공·사기업에서 모두 활용하고 있다.

그러나, 팀장의 윗선인 의사결정라인은 예전과 같은 직제가 아직도 유효하다. 예를 들어, 팀장의 위에는 본부장, 본부장 위에 부문장, 부문장 위에 사장, 사장 위에 회장 등이다. 결국 팀제로 진행하여도 최종적인 안건의 승인은 윗선을 염두에 두지 않을 수 없다. ERP로 간단히 보고하려고 해도 사안이 중요하고 위급한 경우에는 수기결재를 득해야 하는 경우도 많다.

이런 경우에 보고서를 작성할 때는 내 보스와 함께 의당 최종결재자를 염두에 두고 자료를 작성해야 한다. 내 보고서가 보스를 통과한다고 해도, 최종결재자의 결재를 득할 수 없다면 무용지물이기 때문이다. 그래서 가장 중요한 것은 최종결재자가 누구이고 무엇을 원하는가에 초점을 두어야 한다. 대부분의 승승장구하는 탁월한 핵심인재들은 최종결재자가 결재를 하지 않을 수 없도록 만든다.

보고 사례

"박 주임, 용인ICT 첨단지구에 설립되는 우리 회사의 데이터센터 말야. 내일이 임원회의인데 이걸 발표를 해야 하나? 아무튼 자료 좀 회의실에 띄워 봐. 설명도 좀 하고."

박 주임은 회의실에서 최종보고서를 화면에 프레젠테이션으로 뷰했다.

"설명을 드리겠습니다. 주요 목차는 설립당위성, 입지분석, 센터설계, 레이아웃, 운영방안, 투자비용분석, 사업수지분석, 리스크매니지먼트 순입니다."

팀장이 고개를 갸우뚱하며 묻는다.

"잠깐, 박 주임. 레이아웃은 뭐하러 넣었어? 지난번에 제조본부와 디 검토했잖아?"

박 주임은 태연히 답한다.

"팀장님, 내일 공장장도 참석하시는데, 레이아웃을 궁금해할 겁니다. 또한, 팀장님께서 제조팀장이 레이아웃을 적극적으로 검토해주어 감사하다는 멘트를 해 주시면 여러모로 좋을 듯합니다. 제조도 관심을 기울인 것이니까요. 공장장님이 사장님께 면이 서겠지요."

팀장은 입맛을 다시며 말했다.

"그건 그렇군. 좋아, 그럼 투자비용분석이 있는데 사업수지분석은 뭐하러 추가했어? 내일은 투자 심의받는 날이 아니라 임원회의야. 뭐 하러 돈 얘기를 꺼내서 분란을 일으키나? CFO(최고재무책임자)가 날 선 비판을 할 텐데 어쩌려고? 삭제하는 것이 낫지 않나?"

여전히 박 주임은 침착하게 말한다.

"말씀하신 바 임원회의이므로 임원 전체가 참여합니다. 투자비용은 투자가 얼마 들어간다는 것이므로 반드시 필요합니다. 다만, 사업수지분석을 넣은 것은 CFO를 위해서가 아니라, CEO(사장님)를 위해서입니다. CFO는 반드시 촌철살인의 질문을 할 겁니다. 팀장님은 화면상에 볼딕처리하여 작성해 놓은 A, B, C(안)를 답변하시면 되고요. 사장님은 어차피 투자하기로 마음먹었기 때문에 수익이 확실하다는 것에 흡족해하며 팀장님을 묵묵히 도울 겁니다. CFO가 많은 얘기를 하도록 놔두십시오. 오히려 보완사항은 투자심의 때 답변을 준비하면 됩니다. 즉, 사업수지의 공론화로 정면돌파를 하자는 의미입니다."

팀장은 그제야 웃으면서 말한다.

"그렇지, 그것도 좋은 방법이군. 금낭묘계錦囊妙計야. 계속 설명해 보게."

금낭묘계. 삼국지의 제갈량이 조자룡에게 위급할 때 열어보라고 주었다는 세 개의 비단주머니를 의미한다. 박 주임은 팀장만을 위한 보고서가 아니라, 공장장, CFO, CEO를 염두에 두고 모두 아우르면서 작성했다. 그로 인해 주임이지만 마치 팀장이 작성한 것처럼, 주요 핵심 임원들의 생각을 단번에 꿰뚫어 만족도와 투심Pass율을 높였다.

우리 주변에도 이와 같은 인재가 있다. 그들과 대화를 해 보면 애당초 직속 상관뿐만 아니라, End-User까지 신경을 써서 보고서를 작성함을 알 수 있다.

가장 선명한 언어인 숫자로 종결한다

"숫자는 언어다." 일본에서 '경영의 신'이라 불리는 이나모리 가즈오의 말이다. 숫자는 인과관계가 담긴 결론에 해당하는 언어다.

예를 들어, 우리가 기업을 평가할 때 보는 영업이익은 결국 매출액에서 매출원가를 마이너스하고, 남은 매출이익에서 판관비를 또 공제했을 때 얻어지는 결론의 숫자이다. 영업이익이 100억이라 함은 매출액(1,000억), 매출원가(800억), 매출이익(200억), 판관비(100억)라는 변수가 모두 도출되었을 때 나오는 것이다. 이렇듯 숫자는 각인하기에 매우 명쾌함을 가지고 있다. 따라서 대부분의 리더는 숫자에 민감하다. 숫자만 봐도 전후좌우 변수를 짐작, 가늠할 수 있기 때문이다. 한눈에 척 볼 수 있고 모호함이 없는 확정적 언어인 것이다. 상사들이 전공과는 상관없이 숫자에 민감한 것은 이런 이유에서다.

보고 사례

양 대리는 팀장에게 제출한 주간 영업보고서에 대하여 답변을 하고 있다.

"양 대리, 으흠 봅시다. 우선 'D중공업과 수주 진행 중'이라고. 너무 막연하군. D중공업과 진행하는 수주의 규모가 얼마지?"

"약 50억 됩니다."

"그럼 50억을 기재해야지."

"네… 근데 그것이 아직 확정된 것이 아니라서요."

"그래? 그래도 넣어야지. 그리고 언제쯤 수주가 예상되는가?"

"고객 내부에 투자심의를 8월에 진행하고, 투자금융의 PF가 9월에 진행되며, 기표 진행 후 한 달 정도 소요되므로, SPC의 론칭과 함께 수주는 늦어도 10월경에 될 것으로 보입니다."

"지금 말한 것을 밑에 주석을 달아주게. 꼭 내가 질문해야 답을 하나? 'D중공업 50억 10월 수주 예정(고객투심 8월, PF 9월)' 이렇게 심플하게 자네 말대로 적으면 되잖아. 어떤가? 자네가 작성한 'D중공업과 수주 진행 중'보다는 진일보되지 않았나? 숫자가 없는 보고는 힘이 없을뿐더러 목표의식이 약화되지."

양 대리는 머리를 긁적이며 내용을 수정하고 주석을 달아서 제출했다.

19

미흡한 보고서와 완성된 보고서 예제

가장 어렵지만 지속적으로 작성해야 하는 보고서

직장에서 가장 어렵지만 지속적으로 작성해야 하는 보고서는 무엇일까? 필자의 경험으로는 매년 작성하는 사업계획서가 아닐까 싶다. 사업계획서는 회사의 고객, 사업아이템, 내부조직 등을 아우르며, 당해사업의 내용을 정리하고 계획을 수립하는 보고서다. 사업계획서는 회사의 규모와 문화에 따라 다르지만 대개 10월경에 조직별로 작성하여, 11월경 워크숍을 진행하여 전체를 조율하고, 12월경에 목표매출을 부문별로 정리하여 경영진의 재가를 득한다. 이후 12월 말에 사업계획에 걸맞은 조직으로 재편하고 예산을 조율하는 등 이미 내년을 미리 준비하기 시작한다.

이렇듯 매년 작성해야 하는 사업계획서는 작성 담당자로서는 여간 까다롭고 힘든 작업이 아닐 수 없다. 상사의 끊임없는 질문에 전부 대답할 수 있도록 주석과 참조를 달아야 하고, 추가설명이 필요한 장표는 아예 Appendix로 보고서 끝에 첨부하곤 한다. 대기업에서는 임원의 송곳질의에 대비하여 FAQ[frequently asked questions]를 사전에 준비할 정도로 공을 들인다.

너무 많은 예제는 복잡함을 양산하기에, 어느 가상회사의 사업계획서를 예제로 미흡한 보고서와 완성된 보고서로 여러분의 이해를 돕고자 한다. 예시한 미흡한 보고서는 1차로 작성한 초안 수준이며, 내용은 절대로 문제가 되지 않는다. 다만, 지시자의 성에 차지 않을 뿐이다. 완성된 보고서는 최종적으로 정리된 것이며, 한눈에 식별이 용이하고 지시자의 의도가 간파된 심플한 보고서를 의미한다. 숫자나 그래프로 시각적으로 만족스럽고 간소함에 중점을 두어 핵심에 집중하게 한다. 좋은 보고서는 지시자가 보는 순간 미소와 함께 1~2분 정도 정독하도록 유도하는 보고서다.

미흡한 보고서 vs. 완성된 보고서

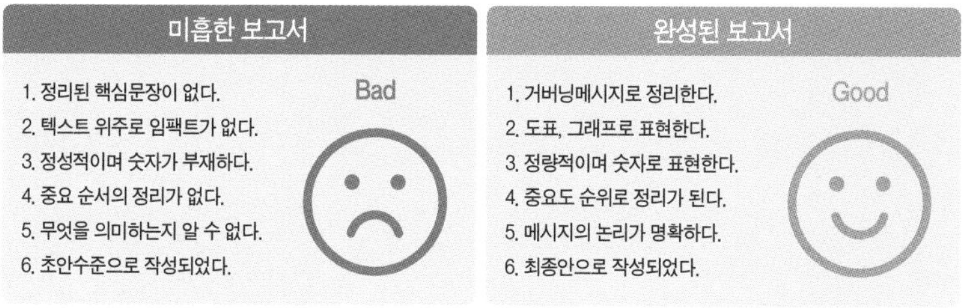

가상의 로봇회사 ㈜탑봇을 예제로 들고자 한다.

㈜탑봇은 매출 4,900억의 중견기업이다. 반도체와 디스플레이, 일반 물류공장에 사용하는 산업용로봇, AI로봇과 드론 등 다양한 로봇제품을 양산하는 회사이다. 탑봇은 근래 코로나 팬데믹으로 오히려 매출이 점진적으로 늘어나고 있다. 고객사가 비대면 활동이 증대되고, 공장과 산업현장에서는 로봇과 드론을 더 많이 활용하기 때문이다.

㈜탑봇 주요 사업

㈜탑봇 주요사업

미래 지능형 로봇산업의 Global No.1 기업으로 도약
Mission 1 > 휴먼 미래사업의 고용과 안전을 위한 로봇시스템 제공
Mission 2 > 인류 삶의 질 향상을 위한 최첨단 *서비스로봇 공급

(*서비스로봇: 물류, 의료, Care, 웨어러블)

산업지능로봇 사업부문	• 고객: 디스플레이 및 OLED, 자동차 및 조선 • 제품: 캥거루(Stacker), 기린(Lifter), 멍키(OHT), 이글(CV) • 비전: Factory 오토메이션 시스템공급 World No.1 • 조직: 국내영업팀, 해외영업팀, S/W개발팀, 메카개발팀 • 매출: 3,000억
반도체로봇 사업부문	• 고객: 반도체 대기업, 관련 중견기업 • 제품: 반도체 물류장비(OHS, FOUP Transfer, Lifter) • 비전: 반도체 스마트팩토리 시스템 제공 Top Tier 10 • 조직: SF(Smart Factory)팀, S/W제어팀, 오퍼레이션팀 • 매출: 1,000억
자율주행 물류 사업부문	• 고객: 공장 및 물류센터, 병원(요양원) • 제품: 물류주행로봇, 자동주행 솔루션 • 비전: 물류센터 자동화 및 서비스로봇 공급 최강자 • 조직: 물류로봇팀, 자율주행S/W팀, SLAM팀, 로보틱스팀 • 매출: 500억
첨단 AI로봇 사업부문	• 고객: B2B(배송관련 기업), B2C(일반인), B2P(관공,군수) • 제품: AI서비스로봇, AI드론, AI예측시스템, 군수로봇 • 비전: AI로봇 서비스제공 국내 No. 1 • 조직: AI로봇팀, AI드론팀, AI메카팀, AI S/W개발팀 • 매출: 400억

사업계획서를 작성할 때는 다양한 분석이 필요하다. 먼저, 회사가 걸어온 역사를 분석하고, 외부환경과 내부역량, 비저닝과 중장기 경영계획을 작성하는 순서로 얘기하고자 한다. 사업계획서를 경영진까지 올리기 위해서는 상당히 심혈을 기울여 만들어야 한다. 따라서, 미흡한 보고서를 먼저 언급하고 제대로 작성한 완성된 보고서를 예시로 설명하겠다.

㈜탑봇의 사업계획서 주요 목차는 아래 도표와 같다.

㈜탑봇의 사업계획서 목차

순번	구분	보고사항		보고서		
		순번	세부 보고 내용	Bad	상사의 불만	Good
I	History 분석	1	연도별 매출추이 분석	텍스트 사용	연간 매출증감은 어떤가?	막대+선그래프
		2	5년간 Item별 수주추이	막대그래프 오용	5년간 수주의 증감은?	누적영역그래프
		3	5년간 고객별 수주추이	분산그래프 오용	타깃고객이 변화했어?	누적영역그래프
		4	연도별 KPI 경영지표 분석	텍스트 사용	경영의 부진사항이 뭐야?	도표+신호등체계
II	외부 환경 분석	1	국내 경제전망	텍스트 사용	경제상황, 결론이 뭔가?	도표+요약챠트
		2	유관산업 분석	텍스트 사용	시장환경이 어떻게 돼?	막대그래프 활용
		3	경쟁사 분석	도표 사용	경쟁사 장점, 당사 공략점?	전략캔버스 활용
		4	고객사 투자 분석	텍스트 사용	고객의 연도별 증설계획은?	간트+마일스톤
		5	시장점유율 분석	텍스트 사용	우리 마켓셰어가 얼마야?	도표+원형그래프
III	내부 역량 분석	1	재무지표분석(경쟁사 포함)	텍스트 사용	과거대비 미래전략이 없어	도표+세부도표
		2	조직구조 분석	도표+텍스트	조직형태 분석은 왜 없나?	도표+도형
		3	사업 포트폴리오(BCG Matrix)	텍스트 사용	제품별 분석과 성장전략은?	BCG Matrix
		4	제품별 라이프 사이클	텍스트 사용	이정표와 지향점은 어디에?	성장곡선
IV	Vision 수립	1	가치체계도	텍스트 사용	일목요연함이 없어	가치체계도
		2	Trillion 매출 비전	텍스트 사용	5년간 성장목표가 없어	매출도표
		3	ESG경영	텍스트 사용	So Waht? Why So?	비전체계도
		4	Mission & Vision	텍스트 사용	콤팩트하게 표현 안 되나?	도식화
V	중장기 경영 계획	1	중장기 전략방향	도표사용	임팩트있는 표현 안 되나?	막대그래프+도표
		2	중장기 경영목표	텍스트 사용	심플하게 정리 안 되나?	도식화
		3	중장기 경영혁신	텍스트 사용	연도별 혁신키워드는?	도식화
		4	중장기 기술력 향상전략	텍스트 사용	부문별 연도별 정리해봐	연도별 도식화

통상 사업계획서는 회사의 실적과 함께 환경 및 역량분석, 비전수립 및 중장기 경영계획을 수립한다.

Ⅰ. History 분석: 연도별 매출추이와 지난 5년간 수주, 연도별 KPI 경영지표를 분석한다. 즉, 과거에 회사가 걸어온 길을 숫자로 분석하는 것이다.

Ⅱ. 외부환경 분석: ㈜탑봇의 주변을 360도로 보는 것이다. 거시적인 국내 경제를 확인하고, 미시적으로 유관산업을 분석한다. 고객사의 투자하는 현황과 경쟁사의 능력을 확인하며, 전체적인 마켓셰어상 시장 점유율이 얼마인지와 향후 방향을 점검한다.

Ⅲ. 내부역량 분석: 자원의 능력을 확인하는 것이다. 재무구조의 건실 여부와 HR적인 차원에서 조직구조가 미래지향적인지 정리한다. 사업 포트폴리오 분석으로서 아이템별로 어떤 포지셔닝에 있고, 향후 가야 할 방향을 점검한다. 제품별 라이프사이클은 태동-성장-성숙-쇠퇴상 아이템별 현재의 위치를 확인한다.

이러한 분석을 통해 미래의 방향을 정리하는 것이 비저닝과 중장기 경영계획이다.

Ⅳ. 비전 수립: 가치체계 분석을 통해 기업문화의 가야 할 방향과 매

출 비전을 수립한다. 근래에 화두가 되고 있는 ESG경영 및 지속가능경영에 대한 가치를 정립하고, 미션과 비전을 수립한다.

V. 중장기 경영계획: 중장기 전략방향과 경영목표를 수립하고, 기술혁신과 기술로드맵을 작성함으로써 사업계획을 마무리한다.

I. History 분석

(1) 연도별 매출추이 분석

연도별 매출액은 회사의 성장성에 대한 분석이다. 아울러, 시장의 확장과 회사의 매출액을 한눈에 비교하여 볼 수도 있다. 먼저 미흡한 보고서의 작성 예제를 살펴보자.

보고서는 과거의 실적을 텍스트로 기재하는 방식으로 표현했다. 읽는 것은 시간도 많이 소요되고 표현이 함축적이지 않다. 상사는 보고서를 보자마자 이렇게 말할 것이다. “이걸 언제 다 읽으라는 거야? 한눈에 알아보게 심플하게 표현할 수 없나?”

미흡한 보고서

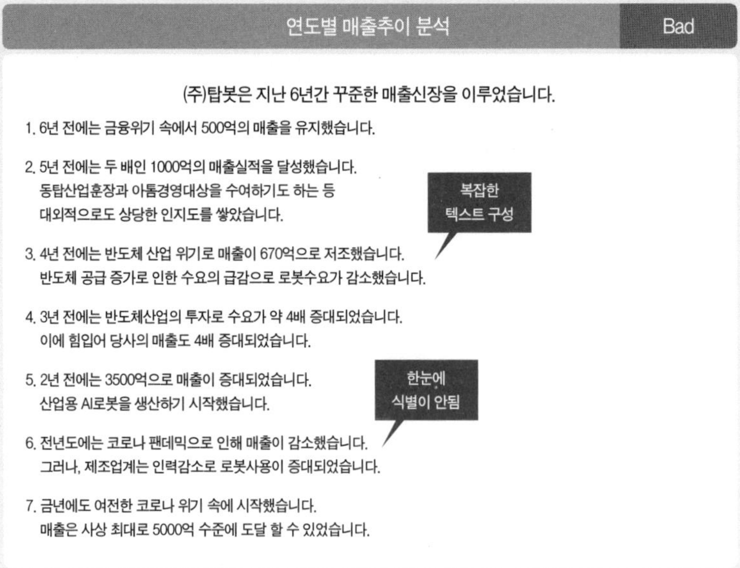

이번에는 완성된 보고서의 예제를 살펴보자.

연도별 실적도표는 그래프로 표현하고, 글은 핵심을 3가지로 압축하여 기재한다. 연도별 매출액 상승률과 저조한 이유를 거버닝메시지에 담았고, 당해년도의 실적에 대한 멘트와 산업에 대한 방향성도 함께 정리했다. 막대그래프는 연간실적을 표현하기에 적합하며, 반도체산업의 투자를 띠그래프로 오버랩하여 표혔했는데, 이것은 탑봇의 매출증감에 비례한다는 것을 증빙하기 위함이다. 아울러 막대그래프와 띠그래프 사이의 체적에는 매출증가 사유인 '반도체산업과 AI로봇 수요증대'를 기재했다.

좋은 보고서

연도별 매출추이 분석 | **Good**

- (주)탑봇의 금년도 매출은 4,900억. 전년대비 23% 상승 예상.
- 팬데믹의 영향으로 인해, 제조업에 로봇수요가 급증하여 사업호재 작용
- 전년 대비 반도체산업은 12% 및 산업용AI 로봇 11% 증가 전망

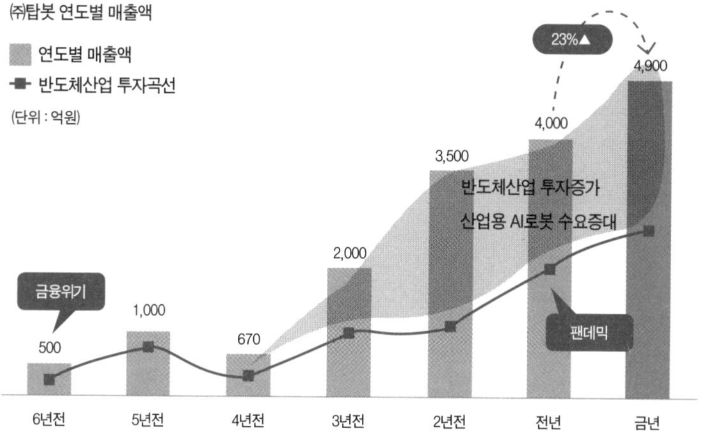

(2) 5년간 Item별 수주추이

Item별 수주를 분석함으로써 매년 성장률을 확인하는 그래프이다. 해당 아이템이 잘 성장하고 있는지 쇠퇴하고 있는 것은 아닌지를 확인해 본다. 제품의 라이프사이클도 수주금액과 함께 확인할 수 있다.

보고서는 과거의 실적을 막대그래프로 표현했다. 그러나 Item별 막대그래프는 헷갈릴 수밖에 없다. 상사가 질문한다.

"어느 것이 AI로봇이지?"

"반도체로봇 수주는 매년 증가를 한 거야?"

"미래에는 어떤 아이템이 더 증가할 것으로 보이는가?"

미흡한 보고서

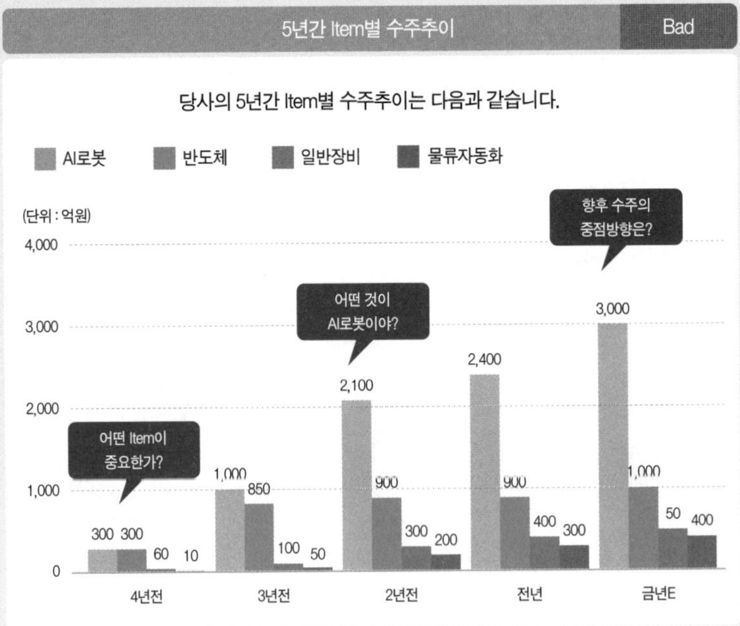

좋은 보고서의 예제를 보자. 아이템별 연도별 매출증감을 확인하면서 연간 합계 매출도 구분해야 하므로 누적영역 그래프를 사용한다. 연도별 실적은 그래프로 표현하고, 핵심내용을 3가지로 압축하여 거버닝 메시지에 기재하였다. 매출증감 이유를 당해년도의 실적에 대한 멘트와 산업에 대한 방향성도 함께 정리했다. AI로봇이 매년 성장을 거듭하고 있는 것과 반도체로봇은 기저부하를 이루고 있음을 확인할 수 있다.

좋은 보고서

5년간 Item별 수주추이 | Good

- AI로봇 분야는 Cash Cow로서 전체수주의 61%를 차지함
- 반도체산업은 차세대 성장분야로서, 당사의 기저부하를 유지함
- 일반장비 및 물류자동화는 소폭 증대(전년대비 150% 수준)

㈜탑봇 Item별 수주

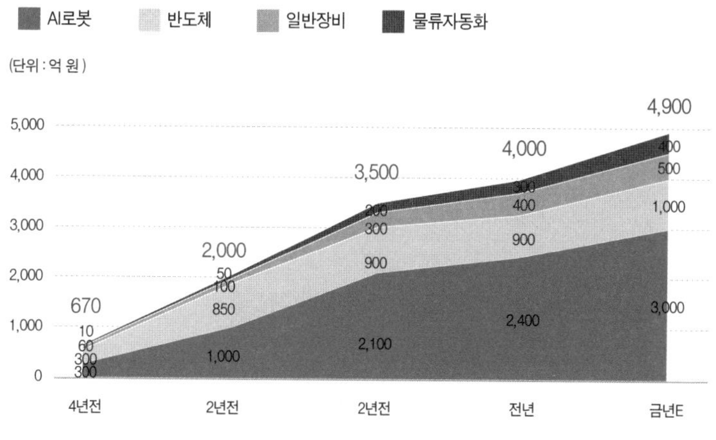

(3) 5년간 고객별 수주추이 분석

고객별 수주를 분석함으로써 매년 성장률을 확인하는 그래프이다. 고객은 시장에서 잘 성장하고 있는지 고객별 우리의 전략은 잘 수립되어 진행하고 있는지 큰 그림을 확인하는 분석이다. 만일, 고객의 자체적인 매출은 신장되었는데, 당사의 수주가 미흡했다면 경쟁현황을 점검해 봐야 한다. 이렇듯 회사의 영업력을 확인하는 지표로도 활용된다.

다음 예시는 고객별 수주분석을 깔끔하게 표현하기 위해서 도트형 분산그래프를 사용하여 작성했다. 이 그래프는 심플함은 있지만, 고객별 수주 및 누적실적은 얼마이고 타깃은 누구인지가 불분명하다.

미흡한 보고서

5년간 고객별 수주추이 Bad

당사의 5년간 고객별 수주추이는 다음과 같습니다.

- A사는 일반물류를 전담하는 회사로 당사매출은 동일하게 유지합니다
- B사는 2년 전 최대매출을 실현했으나, 작년 매출둔화로 위기 상태입니다
- C사는 작년에 호황으로 급성장했으나 코로나 위기로 둔화되었습니다.
- D사는 반도체산업의 성장으로 급성장하였습니다.
- E사는 자동차AI업체로서 성장이 지속되고 있습니다.

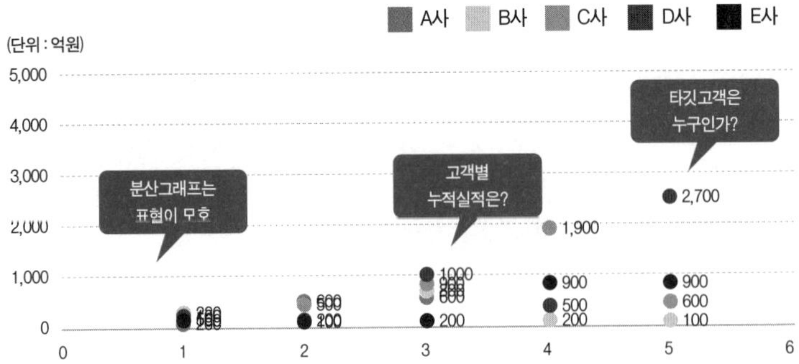

이 미흡한 보고서를 적합한 그래프를 사용하여 완성해보자. 도트형 분산그래프보다는 영역형그래프가 더 적합해 보인다. 연도별로 합산하고자 한다면 누적영역형을 사용하는 것이 좋다. 고객 없이 회사가 존재할 수 없으므로 시장과 고객의 변화와 함께 전체적인 사업의 방향성을 가늠하려면 한눈에 도식화로 상사의 눈을 시원하게 할 필요가 있다.

그래프도 많이 그려보면서 연습을 해야 한다. 눈으로만 봐서는 툴 사용이 미흡할 수밖에 없다. 화상회의를 하는 도중에 대화하면서 그래프를 실시간으로 작성할 수준이 되어야 한다. 회화에서는 직독직해直讀直解가 필요하지만, 회의에서는 직언직도直言直圖의 수준이 되어야 한다.

좋은 보고서

5년간 고객별 수주추이	Good

- 금년도는 반도체산업의 호조로, 전체 수주량의 55%를 D사로부터 수주
- 전년도 최대 수주했던 C사는 미국정책의 변화로 수출물량이 감소
- 전년대비 A사, D사는 증대, E사는 보합세, B, C사는 감소함

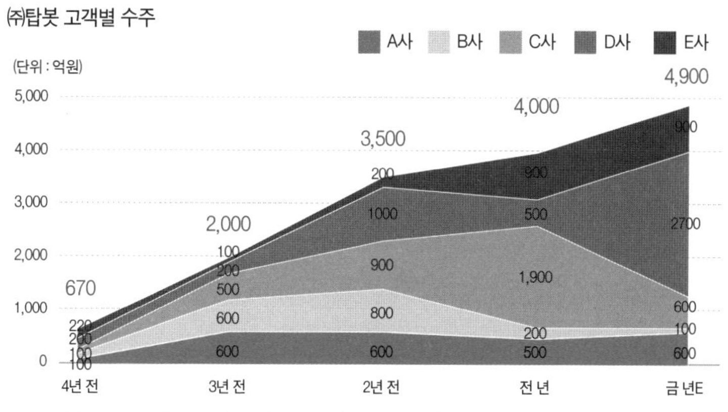

(4) 연도별 KPI 경영지표 분석

연도별 경영지표를 확인하는 보고 내용이다. 핵심성과지표Key Performance Indicator는 기업별 숫자, 그린, 휴먼경영 등의 상태를 잘했는지 못했는지 정량적으로 확인하는 것이다.

다음 예시는 텍스트로 잘 설명한 것처럼 보이지만 도표 부재로 한눈에 식별이 어렵고, KPI별 호, 부진 사유가 불분명하다. 무엇보다도 KPI 분석은 부진항목에 대하여 향후 어떻게 보완을 할 것인가가 중요한데, 대책정리가 없다는 점 또한 아쉽다. 이럴 때 상사는 질문할 것이다.

"자네는 왜 KPI를 분석하는가? 어떤 KPI가 부진했고 내년에 혁신할 목표와 대책은 무엇인가?"

미흡한 보고서

KPI 경영지표분석	Bad

당사의 금년도 KPI경영지표의 분석내용은 다음과 같습니다.

1. 수주, 매출, 분석 지표
   1) 수주는 목표 4,500억 대비 실적 4,900억으로 108% 달성했습니다.
   2) 매출은 목표 4,500억 대비 실적 4,900억으로 108% 달성했습니다.
   3) 수주는 목표 4,500억 대비 실적 5,200억으로 115% 달성했습니다.

한눈에
식별이 안됨

2. 그린경영 분석지표
   1) 품질은 F-Cost가 목표 0.5% 대비 0.6%로 68%를 달성했습니다.
   2) 혁신은 혁신활동점수 목표 100대비 95점으로 95% 달성했습니다.
   3) 안전은 재해건수가 목표 0건 대비 5건으로 미달했습니다.
   4) 보안은 고객측 보안위반이 목표 0건 대비 24건으로 미달했습니다.

무엇이
부진KPI인가?

3. 휴먼경영(HR) 분석지표
   1) 인당 매출은 목표 12억 대비 10억으로 83%에 그쳤습니다.
   2) 인당 이익은 목표 0.4억 대비 0.53억으로 132% 달성했습니다.
   3) 인당 교육은 목표 95시간 대비 100시간으로 105% 달성했습니다.
   4) 이직률은 목표 10.5%대비 12.3%로 117%로 Over했습니다.

부진한 경우
대비책은?

잘 표현된 다음 예시를 보자. 먼저 텍스트를 도표화하여 숫자로 표현했고, 과거실적도 기재했다. 또한 KPI의 목표별 실적에 대하여 신호등으로 색상별 부진, 보통, 우수로 나누어 정리했다. 즉, 신호체계는 회사가 수립한 목표에 대하여 연도별로 진행상황 및 조직문화의 장단점이 무엇인지를 정량적으로 측정함과 동시에 향후 전략을 수립할 수 있도록 만들어 준다. 사장은 이 도표를 프레젠테이션하는 순간, 내년에는 그린경영을 제대로 혁신해야겠다는 경각심을 가질 것이다.

좋은 보고서

KPI 경영지표분석 Good

- 전사경영(수주, 매출, 수금, 영업이익)은 목표대비 100% 이상 달성함
- 그린경영은 F-Cost, 재해건수, 보안건수 등 70% 미만으로 저조함
- HR경영은 인당매출액이 80%로 미흡, 교육시간은 155%로 목표 초과함

금년도 KPI 경영관리 지표분석

부진 보통 우수

순번	전략목표			단위	연도별 실적			금년도		
	구분		KPI		3년전	2년전	전년도	목표	실적	달성률
1	숫자경영		수주	억원	2,000	3,500	4,000	4,500	4,900	108%
2			매출	억원	2,100	3,600	4,100	4,500	4,900	108%
3			수금	억원	2,200	3,800	4,300	4,500	5,200	115%
4			영업이익	억원	20	30	50	200	300	150%
5	그린경영	품질	F-COST	%	0.8	0.75	0.7	0.5	0.6	68%
6		혁신	혁신활동	점수	89	92	95	100	95	95%
7		안전	재해건수	건	11	7	5	0	5	미달
8		보안	보안위반	건	13	12	5	0	24	미달
9	휴먼경영		인당매출	억원	5	6	10	12	10	83%
10			인당이익	억원	0.1	0.12	0.15	0.40	0.53	132%
11			인당교육	시간	45	50	90	95	100	105%
12			이직률	%	25	28	21.5	10.5	12.3	117%

II. 외부환경 분석

(1) 국내경제 전망

국내경제를 분석하는 이유는 회사와 유관한 사업분야의 성장성을 가늠하기 위함이다. 각사별 중요도는 상이하나, 대체로 경제성장률, 물가상승률, 환율 등은 비즈니스에 즉시 영향을 미치는 요소이다. 각 요소별로 회사의 경제지표에 심한 변화가 발생하기에 반드시 분석해야 하는 지표이다. 다음 예시를 보면, 텍스트로 잘 정리를 해 놓았으나 History와 미래지표가 없고, 상사가 주시해야 할 지표에 대한 요약정리 또한 없다. 상사는 눈살을 찌푸리며 말할 것이다.

"팩트는 알겠는데, 환율에 민감한 비철금속 수입에 따른 원가상승이라던지,

미흡한 보고서

국내경제 전망 | Bad

금년도 국내경제 전망은 다음과 같습니다.

1. 금년도 경제성장률 2.7%, 명목성장률 3.7%
1) 경제성장률은 작년과 동일한 2.7%가 예상됩니다.
2) 명목성장률은 작년보다 6% 상승한 3.7%가 예상됩니다.

2. 투자는 전반적으로 부진할 것으로 예상됩니다.
1) 민간소비는 소폭으로 둔화되어 2.7%가 예상됩니다.
2) 건설투자는 -2.4%로 건설시장의 악화가 예상됩니다.
3) 설비투자는 2.3% 증대가 예상됩니다.

3. 금년도 수출과 수입은 전년대비 소폭감소가 예상됩니다.
1) 수출은 3.2%로 전년대비 3% 감소가 예상됩니다.
2) 수입은 3.0%로 코로나로 인한 수요감소도 예상됩니다.
3) 미중 무역전쟁의 여파로 국제시장 위축이 우려됩니다.

4. 환율은 1,082원이 예상됩니다.
1) 경제기조여건이 활발하게 유지될 것으로 예상됩니다.
2) 외화유동성은 충분히 확보되어 있습니다.
3) 전년도 1,091원 대비 소폭감소한 1,082원이 예상됩니다.

히스토리 및 미래지표 부재

우리에게 필요한 Data?

요약 도표가 부재함

국내경제에서 실제로 우리에게 중요한 것이 무엇인가?"

다음의 잘 정리된 리포트를 보자. 도표에 숫자로 전년도와 금년도 및 3년 후까지 전망을 정리했다. 그중 우리 회사와 관련된 지표를 추출한다. 우선 탑봇은 로봇제품 판매에 영향이 있는 민간소비, 건설투자, 설비투자를 주시해야 한다. 두 가지의 지표가 부진한 것으로 표현되므로 투자 부진을 키워드로 추출하여 서머리를 했다. 다음은 수출이 감소할 것이라는 것과, 원자재 수급이 관련된 환율을 Factor로 하여 분석 장표를 만들었다. 이런 사항을 정리하여 최종적으로 거버닝메시지 3가지를 추출하여 기재했다.

좋은 보고서

국내경제 전망 | **Good**

- 금년도 실질GDP 성장률은 전년도와 동일하게 2.7%를 기록할 전망
- 수출감소세가 지속됨, 투자가 부진하여 전년도와 동일한 수준
- 원/달러 환율은 외화유동성에 의거 연평균 1,082원이 예상

연도별 국내경제 전망

출처 : 국회예산정책처, "금년도 및 중기경제전망"

구분		전년	금년	내년	2년후	3년후
경제성장률(GDP)		2.7	2.7	2.8	2.8	2.8
명목성장률(GDP)		3.7	4.3	4.6	4.6	4.6
GDP디플레이터		1.0	1.6	1.8	1.8	1.8
(민간소비)		2.8	2.7	2.7	2.7	2.7
(건설투자)		-1.5	-2.4	-0.8	0.3	0.3
(설비투자)	%	0.8	2.3	3.5	3.2	3.2
총 수출		3.5	3.2	3.0	2.9	2.9
총 수입		3.4	3.0	2.9	2.7	2.7
소비자물가상승률		1.6	1.8	1.9	1.9	1.9
실업률		3.8	3.8	3.7	3.7	3.7
국고채수익률		2.2	2.4	2.6	2.6	2.6
경상수지	억$	660	640	615	590	590
원/달러 환율	원	1,091	1,082	1,072	1,060	1,060

투자 부진

- 민간소비 소폭 둔화
- 건설투자 -2.4% 감소
- 설비투자 2.3% 증가

수출 감소

- 수출감소: 3.2%예상
- 경상수지 640억 흑자
- 미중 무역전쟁: 위축可

환율 전망

- 경제기조 여건
- 외화유동성 공급
- 소폭 감소 1,082원 예상

(2) 유관산업 분석

탑봇은 공장 내 산업지능로봇을 판매하기 때문에 정부의 스마트팩토리 정책이 중요하다. 이렇듯 유관산업에 대한 분석은 아이템별 시장이 어떻게 형성되어 있는지 미래의 방향성을 검토하기 위해 필요하다. 다양한 리서치기관의 자료를 수집하여 작성하다 보면 제품의 현재 상황과 미래의 모습을 그려볼 수 있다.

다음 예시 자료는 텍스트로 잘 정리해 놓았으나, 그래프가 없으므로 시각화가 미흡하고, 산업의 방향성이 부재하므로, 다음과 같은 상사의 질문에 직면할 것이다.

"정책과 산업에 의거 스마트팩토리는 향후 증가할까, 감소할까?"

미흡한 보고서

유관산업 분석	Bad

당사의 영업타깃 스마트팩토리의 시장규모는 다음과 같습니다.

1. 스마트팩토리 세계시장 규모
1) 금년에는 1,940억달러를 기록했습니다.
2) 내년에는 2,100억달러가 예상됩니다.
3) 향후 5년간 연평균 8%대의 성장이 예상됩니다.

그래프로 시각화 필요

2. 스마트팩토리 국내시장 규모
1) 금년에는 32억달러를 기록했습니다.
2) 내년에는 36억달러가 예상됩니다.
3) 향후 5년간 연평균 11%대의 성장이 예상됩니다.

시장은 결국 성장하는가?

3. 정부정책 및 기업활동
1) 향후 5년간 3만개의 스마트공장 보급추진이 예상됩니다.
(출처: 산자부 고시 3호)
2) 대기업의 중소기업 스마트팩토리 구축지원이 예상됩니다.
향후 5년간 100억씩 총 500억 출연예정
(출처: OO투자증권 리서치본부)

거버닝메시지 정리 필요

상사가 보고서에 대해 질문이 많다는 것은 두 가지 중 하나이다. 문답이 필요할 정도로 이해가 안 되거나, 매우 흡족하여 흥미로움이 넘치는 리포트이다. 후자가 되도록 한눈에 쏙 마음에 들어야 한다.

분석이 제대로 된 다음 예시를 살펴보자. 향후 5년간 세계시장과 국내시장의 규모를 그래프로 표현했다. 세계는 연평균 8%, 국내는 11%씩 성장한다는 분석이 나왔다. 탑봇은 스마트팩토리의 시장규모가 증가하기에, 주요 제품인 산업지능로봇의 업그레이드 개발을 해야 한다는 결론을 도출했다. 정책에 의거 산업규모가 증대되고, 고객이 투자를 지속한다는 정보를 입수했으므로, 생산라인 증축 여부를 투자심의에서 최종 결정하기로 한다.

좋은 보고서

유관산업 분석 | **Good**

- 정부 : 향후 5년간 3만개의 스마트공장 보급 추진
- 대기업 : 중소 및 중견 기업 스마트팩토리 구축 지원
  - 금년부터 5년간 매년 100억원씩 총 500억원 출연예정

스마트팩토리 5년간 시장규모 분석

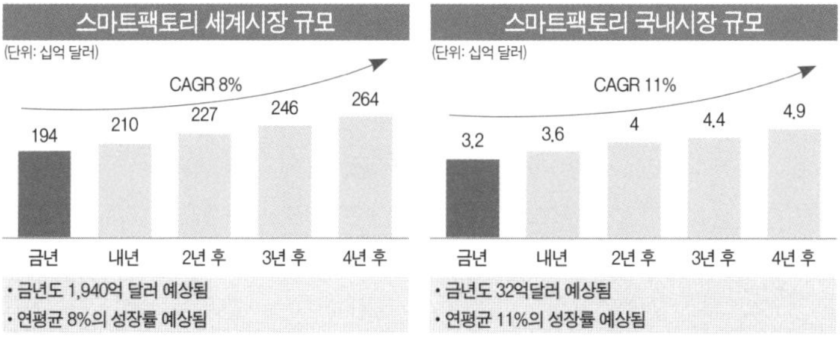

출처 : ㅇㅇ투자증권 리서치본부

(3) 경쟁사 분석

경쟁사 분석은 경쟁사 대비 우리 회사의 경쟁력을 분석하는 것이다. 통상 Q(품질), C(원가), D(납기), T(기술력), E(환경) 등에 대하여 5점 척도로 도식화하여 회사의 경쟁력을 확인한다. 경쟁사 분석은 외부의 공신력 있는 리서치기관에 작성을 의뢰해도 좋지만, 대부분 회사의 영업조직이 시장상황을 가장 잘 인지하고 있으므로, 조직 내에서 직접 작성한다.

영업조직에서 1차적으로 작성한 자료가 아래와 같다면, 기획팀에서는 어떻게 가공해야 할까? 사장님께 이 도표를 그대로 보고한다면 이렇게 질의할 것이다.

"그래서, 우리가 경쟁력 있는 항목은 뭐고, 경쟁사의 장단점과 벤치마킹할 점은 무엇인가? 숫자의 내면은 왜 분석이 없는가 말이야!"

미흡한 보고서

경쟁사 분석 | Bad

당사 산업지능로봇과 자율주행로봇의 경쟁력은?

경쟁사의 장,단점은?

1. 산업지능부문 경쟁력분석

구분	당사	A社	B社	C社	D社
품질	4	3	3	4	4.5
가격	3	5	1	3	2
납기	4	1	3	4	2.5
기술	3.5	3	3	3.5	1
환경	4	5	3	3.5	

당사의 공략점은?

2. 자율주행부문 경쟁력분석

구분	당사	A社	B社	C社	D社
푼질	3	2		3	2
가격	1	5	-	2.5	5
납기	4.5	1	-	4	2
기술	4.5	2	-	3.5	2
환경	2	4	-	2	3

범례: 5(매우 우수), 우수(4), 보통(3), 미흡(2), 아주 미흡(1)

기획팀에서 다시 한번 튜닝한 다음 리포트를 보자. 5점 척도에 전략캔버스를 더하여 분석했다. 산업지능로봇 부문에서 당사 및 경쟁사의 점수를 전략캔버스 위에 도식화했다. 자율주행로봇 부문도 마찬가지로 정리했다. 경쟁사의 장단점과 함께 우리가 어디에 서 있는지 확연하게 보인다. 결론적으로, 자율주행 부문에서 탑봇의 가격은 매우 경쟁 열위로 보인다. 사장은 내년에 원가혁신TF를 가동하여 D사를 목표로 혁신적인 가격으로 제품을 출시해야겠다고 생각할 것이다.

좋은 보고서

경쟁사 분석 Good

- A社 : (산업지능)수익성 위주, (자율주행)가격위주의 전략
- C社 : (산업지능)품질, 납기위주, (자율주행)밀착영업을 통한 납기전략
- D社 : (산업지능)저가 전략으로 시장 진입, (자율주행)입찰시장 장악

산업지능 및 자율주행 당사 경쟁력 분석

범례: 5(매우 우수), 우수(4), 보통(3), 미흡(2), 아주 미흡(1)

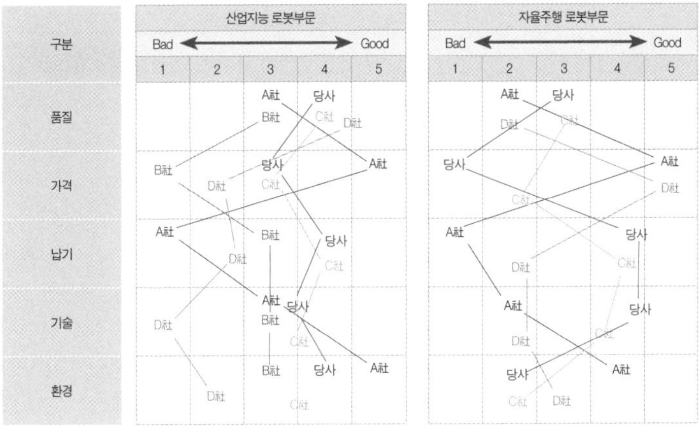

(4) 고객사 투자분석

고객사 투자분석은 내년도에 우리 회사의 먹거리가 있는지 확인하기 위한 분석이다. 어차피 고객의 투자, 증설 등의 방향성이 수주에 결정적인 영향이 있기 때문이다. 확장일로에 있는지 축소로 인해 미흡한 시장이 있는지를 고객별로 확인해야 한다. 주요고객을 확인해 보면 가시화된 내년도의 수주물량뿐만 아니라, 장기적인 비전을 수립할 때에도 반드시 필요한 데이터로 활용된다.

다음 예시는 고객사로부터 확인한 투자전망을 영업팀장이 요약하여 본부장에게 가져간 것이다. 설명은 잘 되어 있지만 사업계획서에 사용하기에는 턱없이 부실하다. 영업본부장이 팀장에게 지시한다.

"고객별 도표로 만들어서 심플하게 한 장에 가져와!"

미흡한 보고서

고객사 투자분석 | **Bad**

고객사 투자분석에 대한 내용은 아래와 같습니다.

> 한눈에 도식화 필요

1. A사 투자계획 및 증설계획

1) 이천현장은 13세대로 자율주행, 자동물류 진행중.
금년도 3Q에 PO를 받아 내년 4Q에 증설계획 보유, 2년 후 4Q에 300K 증설계획이 있습니다.

2) 구미현장에는 13.5세대로 자동물류를 진행중입니다.
2년 후 PO가 예상되며, 이후 지속적인 증설계획이 있습니다.

2. B사 투자계획 및 증설계획

> PO와 증설을 구분 필요

1) 평택현장에는 12세대 자율주행라인을 진행중입니다.
금년도 2Q에 PO를 받았습니다.
내년 4Q 50K, 2년 후 4Q에 100K+신규라인이 예상됩니다.

2) 광주공장은 13세대 산업지능로봇이 투입 예정입니다.
2년 후 수주를 할 예정이며, 이후 증설라인이 예정됩니다.

> 우리의 준비상황은?

3. C사 투자계획 및 증설계획

1) 공주공장에 12세대 AI로봇을 증설중에 있습니다.

2) 청주현장에 13세대 산업지능로봇 3년 후 투입 예정입니다.

4. D사 투자계획 및 증설계획

1) 태백현장에 10세대 AI로봇공장을 지을 예정입니다.

영업팀장이 다시 작성한 예시를 보자. A~D사까지 각각 금년부터 3년 후까지 투자 및 증설계획을 도표에 담았다. 내년에는 A사와 B사가 타깃이며, 필요한 기술과 예산을 금년에 준비해야 한다. 2년 후에는 대다수의 고객사가 증설을 앞두고 있으므로, 내년 말에 탑봇도 설비의 증설계획을 수립해야 한다. 고객수요만큼 미리 자동화라인을 갖추어 놓는 것이 중요하기 때문이다. 영업본부장은 본 자료를 전지로 출력해서 벽면에 붙여놓고 고객별 세밀한 정보들을 확인하여 도표에 추가하고자 할 것이다.

좋은 보고서

고객사 투자분석 Good

- A사는 내년도 13세대로 곧바로 진입 예상 → 13세대 로봇 파일럿 생산
- C사는 AI 기술력으로 시장주도권 확보 예상 → 12세대 AI로봇 개발 실시
- D사는 중국에 합작법인 설립을 위한, 서비스용 AI로봇을 대량 양산 예정

고객사 투자 및 증설계획

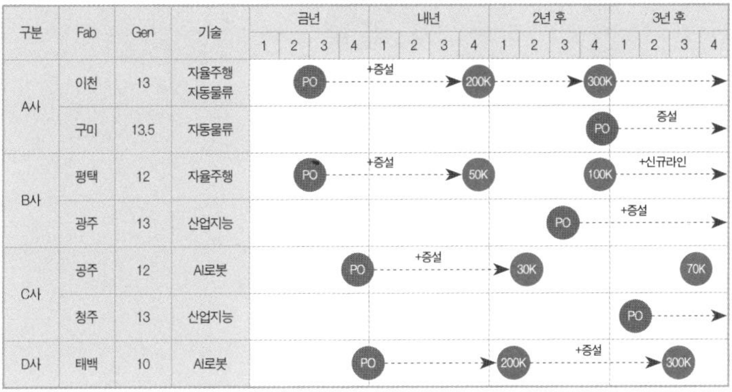

(5) 시장점유율 분석

시장점유율 분석은 우리 회사의 제품이 전체 마켓셰어 중 얼마나 점유하고 있는지를 확인하는 흥미로운 지표이다. 통상 매출, 용량, 라인 등의 총 시장의 규모에서 몇 퍼센트를 차지하는가를 분석한다. 마켓셰어는 연도별로 수립하는 중요한 핵심목표가 될 수 있으며, 매년 부진 사유에 대하여 철저한 분석을 통해 향후 매출 증진의 전략구상을 위해 기본적으로 실시해야 한다.

다음 예제는 기획팀장이 김 대리에게 지시한 시장점유율 분석의 초안을 가져온 것이다. 기획팀장은 한숨을 쉬며 이렇게 말한다.

"자네, 우리의 마켓셰어가 얼마지? 단번에 본질을 꿰어낼 수 없을까? 우선 도표와 함께 그래프로 표현해주게."

미흡한 보고서

시장점유율 분석	Bad

시장점유율 분석에 대한 내용은 아래와 같습니다.

1. 경쟁사 A사 시장점유율: 24%
  1) 브랜드인지도 최상위의 대기업임
     파트너사 최소 10개 이상 보유함
  2) 국내외 BI를 바탕으로 상위포지션 확보중임

> 도표로 1차 정리필요

2. 경쟁사 B사 시장점유율: 20%
  1) 말레이시아 생산기지를 통한 라인 경쟁력 확보
     금년도 2Q에 13세대 라인의 수주확보
  2) 내년도 14세대 라인의 로봇개발 진행 예정

> 원형그래프로 2차 표현필요

3. 경쟁사 C사 시장점유율: 16%
  1) 12세대 AI로봇을 중점적으로 진행중(Low Cost전략)
  2) 13세대 안드로이드로봇 설비공장 확보 중(전남 영광)

4. 경쟁사 D사 시장점유율: 7%
  1) 10세대 AI로봇공장 제조설비 준비 중

> 경쟁사 대응 전략수립要

5. 기타 중국업체 시장점유율: 6%
  1) 각종 세금우대혜택에 힘입어 라인증설 진행 중
  2) 전년도 대비 1% 이상 상승함

김 대리가 다시 작성한 예제를 보자. 우선 시장 내 모든 회사들의 마켓셰어를 도표로 표현한다. 그리고 원형그래프로 우측에 정리해 놓는다. 탑봇의 궁극적인 시장점유 목표는 얼마일까? 금년에 28%이므로, 내년에 30%는 넘어야 한다고 목표를 설정할 것이다. 그래프에는 현실이, 작성자에게는 목표가 그려진다.

좋은 보고서

시장점유율 분석 | Good

- A社 : 브랜드인지도 최상위이며, 파트너사 10개소 이상 보유
- B社 : 해외사업장 Full Capa생산을 통한 Line경쟁력 확보
- C社 : Low Cost전략을 통한 자율주행부문 입찰시장 장악

자율주행부문 당사 시장점유율 분석

순번	회사명	*Line	점유율
1	당사	700	28%
2	A사	600	24%
3	B사	500	20%
4	C사	400	16%
5	D사	180	7%
6	기타	140	6%
7	합계	2,520	100%

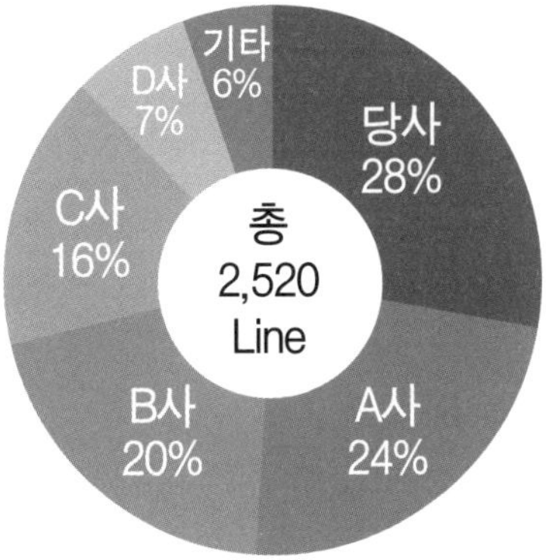

*Line: 자율주행 제조라인을 의미(1Line = 1000평 기준)

III. 내부역량 분석

(1) 재무지표 분석

재무지표는 회사 규모와 상관없이 재경부서에서 상시 분석하는 지표로서, 전반적인 재무구조를 정밀하게 검토할 수 있다. 기본적인 재무지표는 손익계산서와 대차대조표, 현금흐름표를 보면 된다. 그러나 사업계획서상 이런 내용을 구구절절 확인할 필요는 없다. 가장 중요한 내용만 간추리면 된다.

다음 예시를 보자. 우선 도표가 없는 것이 아쉽고, 전년 대비 금년 실적이 없어서 숫자의 증감을 확인할 길이 없다. 재무팀장은 담당자의 보고를 받는 자리에서 언급한다.

미흡한 보고서

주요 재무지표 분석 | Bad

재무지표 분석에 대한 내용은 아래와 같습니다.

1. 유동비율: 120%
- 1) 전년대비 10% 상승함
- 2) 자산매각: 골프장A, 경북안동 나대지 3만평 등

2. 부채비율: 110%
- 1) 전년대비 20% 감소함
- 2) 산업은행 25억 대출상환, 신한은행 추가 USNCE로 대체활용

3. 매출채권회수기간: 148일
- 1) 전년대비 28일 감소
- 2) 매출채권 회수와 매입채무 회수의 비교 필요

4. 영업이익률: 7.5%
- 1) 전년대비 2% 상승
- 2) 원자재 하락과 당사 혁신활동에 의한 이익 확보

5. 경쟁사 현황
- 1) A사: 유동비율 220%, 부채비율 120%, 영업이익률 9.4%
- 2) B사: 유동비율 430%, 부채비율 60%, 영업이익률 7.1%
- 3) C사: 유동비율 630%, 부채비율 23%, 영업이익률 7.7%

전년대비 비교가 모호

경쟁자의 재무현황은?

향후 전략이 부재함

"재무분석은 전년도 혹은 경쟁자든 뭔가 대비점이 있어야 하는데 내용이 부실하고, 향후 우리의 재무전략의 주안점은 뭔가?"

담당자는 재무팀장의 질책을 받고 곰곰이 생각해 본다. 재무제표 전체를 분석할 수는 없고 이를 어쩐다? 고민 끝에 기업의 수익성 분석(ROA, ROE, 총이익, EPS, PER, C/F), 유동분석(유동비율, 당좌비율), 레버리지 분석(자산부채율, 자기자본부채율), 활동성 분석(재고자산 회전율, 매출채권 회전율) 중 가장 중요한 4가지의 지표만 압축해서 아래와 같이 작성했다. 재무팀장이 머리에 숫자를 각인하고 말한다.

"오~ 그렇지. 내년에 유동비율은 130% 이상 올리고, 부채비율은 90%대로 가는 것으로 사장님께 보고합시다."

좋은 보고서

주요 재무지표 분석 Good

- 유동비율 증대: 신용등급 상향 평가 및 Standby L/C 신용보강 필요
- 부채비율 감소: 장기채권 수금을 위한 영업정책 및 고객대응력 강화
- 경쟁사 대비 C/F 개선전략: 금융비용 절감, 환 리스크 및 소요자금 관리

주요 재무지표 분석(경쟁사 포함)

구분	당사		경쟁사			
	전년	금년	A사	B사	C사	D사
유동비율	110%	120%	220%	430%	630%	146%
부채비율	130%	110%	120%	60%	23%	143%
매출채권회수기간	160일	148일	64일	65일	84일	142일
영업이익률	5.5%	7.5%	9.4%	7.1%	7.7%	4.3%

구분	금년	내년	추진 전략
유동비율	120%	130% ↑	남원공장 매각(80억 확보)
부채비율	110%	100% ↓	산업은행 50억 추가 상환
매출채권회수기간	148일	120일 ↓	회수기간단축: 148→120
영업이익률	7.5%	10% ↑	혁신활동: 30억 추가확보

(2) 조직구조 분석

회사에서 가장 중요한 요소는 역시 사람이다. 사람들은 모여서 회사를 만들고 그 안에 조직을 구성한다. 조직구조 분석은 빅피처(BIg Picture)로서 회사의 인력구조가 건실한지를 확인하는 것이다.

사장은 인사팀장으로부터 금년도 조직구조를 아래와 같이 보고 받은 자리에서 질문을 쏟아낸다.

"자, 봅시다. 금년에는 365명의 인력구조이군. 작년에는 어땠나? 우리 조직형태는 건실한 건가? 임원과 부장급이 도합 1%면 너무 적은 것 아냐? 신입사원들도 41%이니까 경험자도 부족하다고 봐야 하나?"

인사팀장은 사장의 질문 공세에 혼쭐이 나고 자료를 다시 점검했다.

미흡한 보고서

조직구조 분석 | Bad

조직구조 분석에 대한 내용은 아래와 같습니다.

직급	금년도	
임원	4명	1%
부장	12명	3%
과장	75명	21%
대리	120명	34%
사원	145명	41%
計	356명	100%

1. 임원: 1% (4명)
 1) 임원은 사장, 부사장, 상무2명으로 구성
 2) 매출액대비 임원의 수가 적은 편임

2. 조직장(부장, 과장): 24% (87명)
 1) 부장은 12명으로 대부분 팀장을 역임중임
 2) 과장중 10명은 팀장을 수행하며 핵심인재로 성장

3. 대리, 사원· 75% (265명)
 1) 대리가 34%, 사원이 41%를 차지
 2) 업무의 중추역할을 하는 대리가 많으므로 향후 전도유망함
 3) 사원중 신입사원이 20%로서 활기가 넘치는 조직임

과거분석이 부재함

조직구조는 건실한가?

조직형태분석 부재함

과거 3년의 직급별 조직구성을 정리했다. 분석해보니 3년 전에는 상위관리자가 많은 '항아리형'이었으나, 현재는 '피라미드형'이다. 만일, 신입직원으로만 이루어진 'ㅗ자형' 조직이라면 그들의 소요되는 성장시간만큼 취약한 미래를 암시한다. 건강한 조직은 매년 5% 수준의 Out-In의 반복으로 신선한 브레인을 채용하고, 핵심인재를 양성해야 한다. 조직구조를 분석하여 조직의 현재 상황을 명확히 확인하고 인적 비전계획을 수립해야 한다.

사장은 인사팀장의 보고PT를 받고 지시한다.

"핵심인재를 선발하여 패스트트랙(Fast track)을 제도화하고 특진과 인센티브를 지급하는 등 인력양성 정책을 적극 검토하세요."

좋은 보고서

조직구조 분석 | Good

- 과거 조직: 상위관리자가 많은 복부비만의 항아리 형태
- 현 조직: 하급과 상급이 이상적으로 배치된 피라미드 형태로 변경
- 조직구조 개선: 다운사이징, 승진율 관리, 역량 강화(학점 이수제 도입)

당사 조직구조 분석

직급	3년전		금년도	
임원	6명	3%	4명	1%
부장	30명	13%	12명	3%
과장	90명	38%	75명	21%
대리	60명	25%	120명	34%
사원	50명	21%	145명	41%
計	236명	100%	356명	100%

(3) 사업 포트폴리오 분석

기획팀장이 정 대리를 불러서 얘기한다.

"이렇게 사업 포트폴리오 분석을 작성하면 어떻게 하나? 사업계획서 PT시간은 10분이야, 10분. 시각적으로 임팩트 있는 자료를 만들어서 가져와."

사업 포트폴리오 분석은 현재 진행하는 사업과 향후의 신규사업에 대하여 사업현황을 한눈에 보기 위해 필요하다. 기업의 미션과 역량에 적합한 사업을 발굴하고, 신규사업을 론칭하는 관점과 시점을 파악해야 하는데 정 대리는 고민에 쌓였다. 경영지표 분석 관련 책을 정독하기 시작했다.

'회사의 제품 중 무엇이 가장 많이 팔리는가?', '향후 어떤 제품이 빛을 밝힐 것인가?'를 고민하던 정 대리는 1970년 보스턴컨설팅그룹이 만든

미흡한 보고서

사업 포트폴리오 분석 | Bad

사업 포트폴리오 분석에 대한 내용은 아래와 같습니다.

1. Star급 아이템
1) Kangaroo: 4축 물류 로봇으로 매출상이, 성장률 높음
2) Tuttle: 정교한 집게로봇이며 성장률이 높음
3) Rabbit: 하부에 스피드한 레일봇이며 성장률 둔화됨

영역별 분배 필요

2. Cash Cow급 아이템
1) Eagle: 상부 레일봇으로 성장률은 낮으나, 매출은 여전히 높은 상황임
2) Giraffe: Lift형 로봇으로 현재 라인별 마켓성장률을 높이고 있음

3. Problem Child급 아이템
1) Wolf: 스피드 하지만 감속기의 고장이 잦음
2) Monkey: 반도체 상부 이송봇으로 그립기술이 부족

성장전략이 부재

4. Dogs 아이템
1) Fox: 차세대 시스템 Wolf에 밀려서 매출만 확보중임
2) Tiger: 기술개발에 한계가 있어서 매출 및 성장 미흡

4블록 다이어그램을 인용하기로 했다. 이 도표는 사업 포트폴리오 분석이라고 불리며, 회사의 현재 처한 상황을 파악하고 적합한 판매전략을 구상하기 위해 사용되고 있다. Problem Child에서 Stars로, Stars에서 Cash Cow로 이동시키면서 효자상품을 많이 키워내는 것이 지속적인 수익창출의 지름길이다. Dogs는 미래에 철수해야 하는 사업 내지 제품을 의미한다. 기획팀장은 자료를 참조하여 Item별 성장방안에 대하여 각 부문장과 함께 협의하기로 했다.

좋은 보고서

사업 포트폴리오 분석	Good

- Stars: 시장성장성 및 시장점유율 높음. 수익 및 C/F우수, 확대전략 추구
- Question Marks: 시장성장高, 점유율低. 수익高 C/F低, 확대전략 추구
- Dogs: 시장성장성 및 시장점유율 낮음. 수익 및 C/F불안정, 현행 유지

당사 사업 BCG Matrix

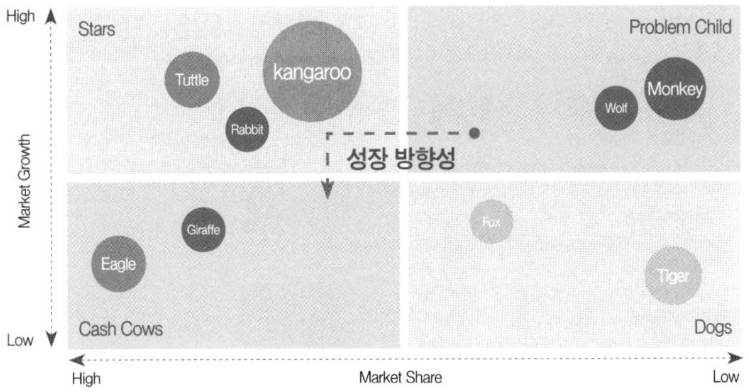

(4) 제품별 라이프사이클 분석

아이템들의 시장 성장성과 점유율, 경쟁력을 한눈에 볼 수 있는 차트가 제품별 라이프사이클 분석이다. 어차피 제품은 영속할 수 없으며, 장수하는 효도상품도 30년 이상 지속하는 경우는 극히 드물다. 근래에는 제품복사가 용이하고 진입장벽이 낮아짐으로 인해 라이프사이클은 1년을 넘기 힘들다. 라이프사이클은 아이템(Item)의 현실을 직시하고, 지속성장을 위해서는 반드시 분석해 봐야 하는 지표이다.

제조팀장은 김 차장이 초안으로 작성한 아래 보고서에 대하여 질문한다.

"우리의 제품 중 태동한 것과 확장상태인 것, 성숙과 쇠퇴기에 있는 것은 대체 무엇인가? 이렇게 일일이 다 설명하면 어떻게 하나? 김 차장의 눈에는 핵심이 보이는가?"

자리에 돌아온 김 차장은 고민을 거듭했다. 회사 제품의 생명은 얼마

미흡한 보고서

제품별 라이프사이클 분석 | Bad

제품별 라이프사이클 분석에 대한 내용은 아래와 같습니다.

1. Early Stage
   1) Monkey: 각종 그립기술 보완으로 시장을 선도할 제품
   2) Kangaroo: 4축 물류 로봇으로 Star급을 유지하며 매출증진
2. Expansion Stage
   1) Eagle: 상부 레일봇으로 라인별 확장세에 있음
   2) Tuttle: 집게로봇으로 개발, OEM으로 Star급을 유지
   3) Tiger: 기술개발로 성숙기에 접어들지 못하면 Drop 예정
3. Transition Stage
   1) Giraffo: Lift로봇으로 성장기와 성숙기를 유지중임
   2) Fox: 자체생산에서 OEM으로 전환하여 매출만 유지
   3) Wolf: 각종 고장으로 인해 성장이 둔화, 성숙기로 가고 있음
4. Mature Stage
   1) Rabbit: 성숙기에 들어선 레일봇이며, 매출 유지하나 성장률 둔화

라이프사이클 적용이 부재

이정표 및 지향점 필요

나 유지될까? 갑자기 발생하는 새로운 기술이나 신시장으로 인해 레드 오션으로 추락하지는 않을까? 아이템들의 생명을 어떻게 하면 한눈에 볼 수 있을까?

그러다가 무릎을 탁 쳤다. 회사의 제품을 PLM(제품수명주기관리: Product Lifecycle Management)에 표현해 보자. 제조팀장은 자료를 유심히 살펴보면서 말한다.

"Tiger와 Fox는 개발과 OEM을 통해 최대한 매출을 끌어올리고, Monkey와 Eagle은 베타버전으로 한 단계 업그레이드하여 이익을 극대화해야 하겠네."

좋은 보고서

제품별 라이프사이클 분석	Good

- 산업지능형 로봇(Monkey, Eagle, Giraffe) 성숙기를 유지중임
- 반도체용 로봇(Turtle, Tiger, Fox)는 성장기와 함께 차기세대를 개발중
- AI로봇(Wolf)는 도입기로서 성장기로 진입중

당사 Item별 Life Cycle

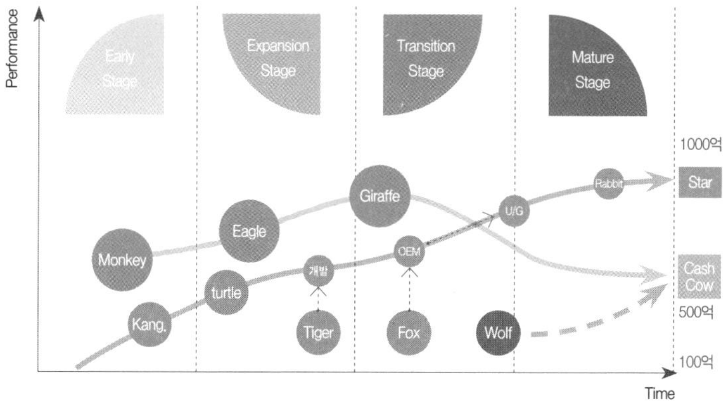

Ⅳ. 비전(Vision)

(1) 가치체계 분석

비전은 임직원이 함께 협의하여 만들어야 한다. 비전은 보는 순간 담대하면서도 거시적인 미래의 상이 느껴지고, 직원들의 가슴이 두근거리게 만들어야 한다. 그중 가치체계도는 비전과 사업부문별 모토를 선정하여 구체적인 숫자로 미래를 그려내는 성장지표이다. 특히 회사가 바라는 조직문화의 상을 핵심가치 키워드로 표현하여 직원들에게 지침을 준다.

사장은 기획팀장을 불러 말한다.

"각 본부장과 일차적으로 만든 초안은 잘 봤어. 그러나, 직원들 앞에서 발표를 할 수준으로 좀 만들어 봐. 가슴 뛰고 열정이 활활 타오르도록 말야. 그러려

미흡한 보고서

가치체계도 | Bad

당사 30주년에 걸맞은 가치체계도는 아래와 같습니다.

1. Vision
   1) Global Automation Convergence Leader
   글로벌 로봇의 컨버전스 리더로서, 탑봇은 5년이내 매출 1조기업이 되고자 합니다.

직원공감의 리드필요

2. Portfolio
   1) 산업지능로봇: 세계 1위
   2) 반도체로봇: 세계 10위
   3) AI로봇: 국내 1위(마켓셰어 1위)
3. Motto
   1) 탑봇의 모토는 스피드, 창의, 도전이며,
   2) 그중, 탑봇Way의 키워드는 스피드(Speed)로 규정합니다.
   3) 스피드가 없는 기업은 존재할 수 없기 때문입니다.
4. 탑봇Way
   1) Customer Satisfaction: 고객중심의 사고
   2) Passion: 열정의 행동
   3) for Earth: 자연환경을 생각하는 제품
   4) Unique Engineering: 독보적인 기술로 승부
   5) Driving Innovation: 과감한 혁신으로 상시변화

도표화로 핵심 극대화

면 숫자와 그림, 도표를 활용하여 엔틱하면서도 클래식하게 만들어 봐."

자리에 돌아온 기획팀장은 박 차장을 불러서 지시한다.

"자네가 사내에서 가장 PT를 잘 만드니까, 한번 멋지게 작성해 줘. 사장님을 만족시킬 수 있는 자료를 만들어 주게."

박 차장은 가치체계도에 대해 고민을 거듭한다. '가치체계도는 직원들의 이정표가 되어야 해. 향후 발생하는 문제점-해결-의사결정 사항에 대한 우선순위를 명확하게 각인시켜주는 지표가 되어야 하지.'

마침내 밤을 새워 작성한 가치체계도를 가지고 기획팀장과 사장님께 보고를 드렸다. 사장은 웃으며 말했다.

"엔틱하진 않지만, 초안보다는 클래식하게 작성해서 오케이!"

좋은 보고서

가치체계도 **Good**

- 산업지능로봇: 공장자동화 및 솔루션시스템 공급 세계최강자 수성
- 반도체로봇: 스마트팩토리 라인증축 전세계 Top Tier 10위 달성
- AI로봇 (및 드론): 국내마켓 1위 수성(군수, 배송, 물류)

당사 30주년 가치체계도

(2) 매출 비전

매출 비전은 회사의 향후 5년 정도를 예상하여 매출로 나타내는 분석 방법이다. 이때 부문별로 영업적인 판단을 근거로 매출계획을 세부적으로 수립하고 취합하여 작성한다. 5년 후에는 현재의 매출 대비 2배 이상의 그림을 그려 직원들의 포부를 드높이는 역할을 한다. 영업이익도 회사의 산업평균 대비 상향한 목표로 이익률을 산정하여 비전을 수립한다. 큰 꿈은 절실한 계획을 양산하고, 그 절박함은 전략과 실행력을 배출한다.

아래 예시는 이런 충고가 남는다.

"5년간 구체적인 목표는 무엇이고, 합계로 뚜렷한 타깃을 만들면 어떨까?"

미흡한 보고서

매출 비전 | Bad

당사 30주년에는 1조 비전을 수립하였습니다.

1. 산업지능로봇
   1) 매출액 4,000억
   2) 영업이익 480억

구분	금년	30주년
매출액	3,000	4,000
영업이익	204	480

5년간 구체적 성장목표 부재

2. 반도체 로봇
   1) 매출액 2,000억
   2) 영업이익 240억

구분	금년	30주년
매출액	1,000	2,000
영업이익	68	240

3. 자율주행 로봇
   1) 매출액 2,000억
   2) 영업이익 240억

구분	금년	30주년
매출액	500	2,000
영업이익	34	240

도표 총합계로 정리필요

4. 첨단 AI로봇
   1) 매출액 2,000억
   2) 영업이익 240억

구분	금년	30주년
매출액	400	2,000
영업이익	27	240

새롭게 리뉴얼한 리포트를 보자. 금년에는 4,900억의 매출을 이루었다. 30주년에는 1조 매출의 목표를 수립했다. 각 부문장은 모여서 매년 얼마를 할 것인지를 논의했다. 내년에는 5,200억, 2년 후 6,500억, 3년 후에는 8,000억을 하고 30주년에는 1조를 목표로 수립했다. 매년 매출액과 영업이익의 목표를 설정했다. 아직 성취한 것은 아니지만, 왠지 마음이 뿌듯하다. 1년을 앞당겨 1조를 만들겠다는 의지도 생긴다.

좋은 보고서

매출 비전 Good

- 지속성장 가능기업으로 진입 및 임직원 자긍심 고취
- 로봇사업의 미래지향적 최첨단 기술력 및 글로벌 경쟁력 확보
- 국가경제에 기여: 보급, 고용, 수출, 기술력(AI, 자율주행)

당사 매출 1조 비전

(주)탑봇 1兆 Trillion Vision

(단위: 억원)

구분		금년	27주년	28주년	29주년	30주년
산업지능 로봇	매출액	3,000	3,000	3,300	3,300	**4,000**
	영업이익	204	231	330	363	**480**
반도체 로봇	매출액	1,000	1,000	1,200	1,500	**2,000**
	영업이익	68	77	120	165	**240**
자율주행 로봇	매출액	500	700	1,000	1,500	**2,000**
	영업이익	34	54	100	165	**240**
첨단 AI로봇	매출액	400	500	1,000	1,700	**2,000**
	영업이익	27	38	100	187	**240**
Total	매출액	4,900	5,200	6,500	8,000	**10,000**
	영업이익	334	400	650	880	**1,200**
	이익률	7%	8%	10%	11%	**12%**

(3) ESG경영

세상에 사라지지 않는 기업은 없으며 언젠가는 망한다. 다만 기업의 생명을 좀 더 유지하도록 만드는 것이 구성원들이다. 죽지 않으려면 성장하는 수밖에 없듯이, 구성원은 기업이 번성하도록 노력해야 한다.

최근의 대다수의 기업들은 친환경Environment, 사회적 책임Social, 투명함Governance을 모토로 ESG경영을 표방한다. 탑봇도 ESG경영의 비전을 사업계획에 수립하고자 한다.

아래 예시를 보면 추구하는 방향과 논리가 〈So What, Why So?〉에 적합하지 않다. 임직원이 한 장에 집중할 수 있는 자료를 만들고자 한다. 방법은 무엇일까?

미흡한 보고서

ESG경영	Bad

당사 ESG경영의 비전은 아래와 같습니다.

1. 최종목표
   1) 'Environment' 'Social' 'Governance' (친환경, 책임경영, 투명경영)
      탑봇은 ESG경영을 준수, 지속가능경영 체제를 구축하고자 합니다.
2. ESG비전
   1) 탑봇웨이 4가지를 추구합니다.(독종생존, 가치창조, 도전혁신, 소통경영)
3. ESG비전수립을 위한 사장님의 핵심지침: CPW
   1) Culture(고유문화)
      상호간에 끊임없이 소통하라, 신뢰하는 조직을 만들어라
      즐기는 문화를 형성하라, 직무 핵심역량을 강화하라
      프리젠테이션 능력을 키워라, 현장의 의견을 적극 경청하라
   2) People(올바른 인재)
      리더는 조직원의 멘토가 되어라, 방향 다르면 과감히 하차시켜라
      순환근무로 능력을 배양시켜라, 인적자원 효율적으로 관리하라
      핵심인재를 확보/유지하라, 합리적, 냉철한 평가를 하라
   3) Work(혁신 업무)
      친환경 컨설턴트가 되어라, 수직,수평간 피드백을 중시하라
      전략은 Detail하게 계획하라, 처절한 원가절감을 시행하라
      항시 기재하는 문화를 만들어라, 품질은 Zero Defect를 유지하라

So What
Why So?

한눈 식별
도식화 필요

ESG경영은 지속가능경영의 일환으로서, 30년 이상 구성원들을 이끌어주는 등대와 같은 지표 역할을 해야 한다. 먼저 궁극적 최종목표를 ESG로 설정하고, 비전은 탑봇Way를 통해 추진하며, 회사의 미래 방향(Way)을 위하여 공유해야 할 Culture(조직문화), People(인재상), Work(업무혁신)에 대하여 세부지침을 작성하여 공유한다. 조직의 소울Soul을 관장한다는 면에서 매출보다 더 중요한 것이 조직문화이다. 조직문화의 올바른 방향 설정이 회사의 지속성을 유지할 수 있기 때문이다.

좋은 보고서

ESG경영	Good

- ESG(친환경, 책임경영, 투명경영)기업으로 업계 선도
- 탑봇 Way로서 생존, 창조, 도전, 소통의 비전 수립
- 핵심지침을 고유 조직문화, 올바른 인재육성, 혁신업무 수행으로 구분

당사 ESG경영 비전체계도

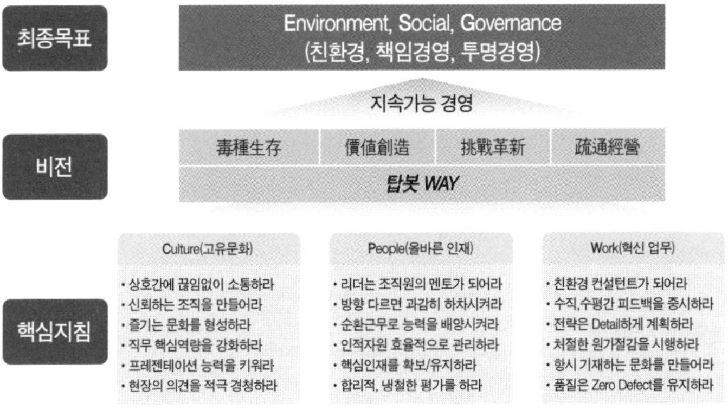

(4) 미션과 비전(Mission & Vision)

미션(Mission)은 기업의 존재가치, 비전(Vision)은 중장기적인 방향이다. 미션과 비전은 수립함과 동시에 대내외에 공표해야 한다. 오너는 회사 설립 시 창립이념을 만들어서 직원에게 교육한다. 그러나 시대가 지나면 더는 현시대에 불합리한 키워드가 되기도 한다. 이런 경우에는 창립이념을 훼손하지 않아야 하므로, 핵심가치를 제정하여 몇 년간 기업의 새로운 행동지침으로 활용하면 된다.

사장은 경영혁신팀장에게 비전수립 초안에 대해 지시한다.

"본 자료를 서술화하지 말고, 키워드로 간단하게 작성하여 직원들이 곧바로 공유할 수 있는 방법을 찾아봐."

미흡한 보고서

Mission & Vision | **Bad**

당사 Mission & Vision은 아래와 같습니다.

1. 창업이념

1) '열정' '성실' '소신'
인류를 사랑하는 마음으로
미래의 첨단로봇 사회에 공헌한다.

콤팩트한 표현이 필요

2. Mission(사명)

1) 창의적인 사고와 AI기술로
자동화 가치창출에 기여한다.

3. Vision(비전)

1) Vision Trillion Club
Automation Global Leader
2) 목표: 30주년 매출 1조, 영업이익 10%

한눈 식별 도식화 필요

3. Value(핵심가치)

1) 창의: 탑봇인은 새로운 발상과 유연한 사고로 가치를 창출합니다
2) 도전: 탑봇인은 대담한 목표를 세워 저돌적으로 추진, 실천합니다
3) 협력: 탑봇인은 단일한 공동체로서 협조하여 문제를 해결합니다

경영혁신팀장은 자리에 돌아와 고민한다. 사업계획에 맞추어 작성했는데, 너무 두서가 없으므로 정리가 필요하다는 사장의 요구 때문이다. 그렇다면 키워드로 어떻게 정리해야 할까? 고민하면서 자료를 정리했다.

완성된 자료는 명사 위주로 비저닝카드 형태로 작성했다. 사업계획 확정 이후에 카드로 만들어서 직원들이 지갑 속에 넣고 다니거나, 촬영하여 핸드폰에 저장할 수 있도록 콤팩트하게 만들었다.

좋은 보고서

Mission & Vision	Good

- 창립이념: 인류에 대한 사랑으로 미래 첨단로봇시스템에 공헌
- Mission: 창의적인 사고와 AI기술로 고객의 자동화 가치창출
- Vision: 자동화시스템 글로벌 최강자, 매출 1조 및 영업이익 10% 달성

당사 Mission & Vision

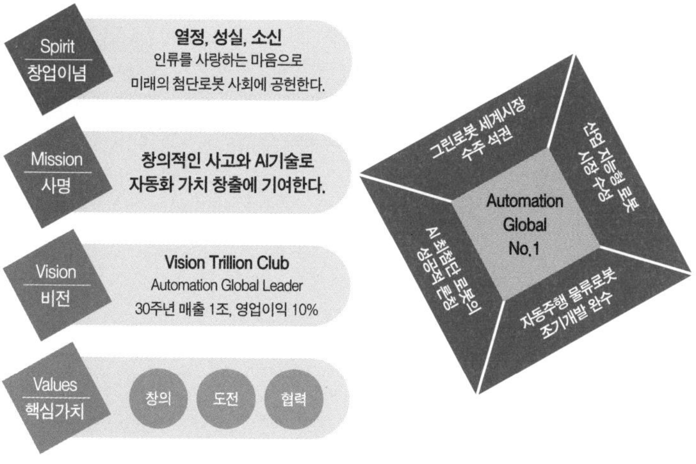

V. 중장기 경영계획

(1) 중장기 경영분석

중장기 경영분석은 비전 수립에 따른 향후 5개년의 구체적인 재무목표를 수립하는 것이다. 회계팀장은 사업계획서에 넣을 중장기 경영목표를 한 장 작성했다. CFO는 회계팀장을 불러 얘기한다.

"자료가 너무 단조롭고 핵심이 없어. 도표만 달랑 만들지 말고 보기 좋게 좀 만들어 줘. 사업계획서는 사장님도 자세히 보시는데 성의있게 만들었으면 해."

회계팀장은 생각한다. '손익계산서가 숫자만 잘 나와 있으면 되지, 무엇이 더 필요한가?'

미흡한 보고서

중장기 경영목표 Bad

당사 중장기 경영목표는 아래와 같습니다.

거버닝
메시지 필요

구분	금년도	27주년	28주년	29주년	30주년
매출액	4,900	5,200	6,500	8,000	10,000
매출원가	4,116	4,279	5,069	6,275	7,924
매출원가율	84%	83%	81%	80%	80%
매출이익	784	845	1,160	1,525	1,944
영업이익	334	400	650	880	1,200

막대그래프
정리 필요

회계팀장은 자료를 다시 한번 튜닝했다. 간단하게 손익분석을 하되, 매출과 영업이익률은 현재의 두 배 이상으로 목표를 정하고, 원가율은 매년 혁신활동(VE, 구매혁신, 원가절감TF, 현장분임조 활동, 3정5S 등)으로 절감해야 할 목표를 역산하여 원가율을 낮추어 표현했다. 판관비는 고정비와 변동비로 나누어, 매출 증대에 따른 변동적인 요소에 대하여 증액을 실시하여 시뮬레이션으로 도출했다. 발표를 순탄하게 하기 위해 막대도표를 추가했다.

좋은 보고서

중장기 경영목표 Good

- 30주년 1조매출에 영업이익 12%를 목표로 함
- 금년도 對比 5년 후, 매출액 및 영업이익 상승률은 200%를 목표로 함
- 정규직 400명 이하, 원가율 80% 및 판관비율은 8%대 유지

중장기 5개년 손익계획

(단위 : 억원)

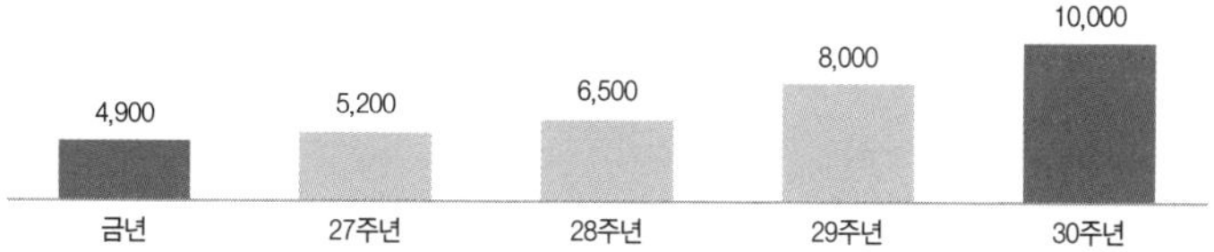

구분	금년도	27주년	28주년	29주년	30주년
매출액	4,900	5,200	6,500	8,000	10,000
매출원가	4,116	4,279	5,069	6,275	7,924
매출원가율	84%	83%	81%	80%	80%
매출이익	784	845	1,160	1,525	1,944
판관비	450	456	565	675	789
영업이익	334	400	650	880	1,200
영업이익률	7%	8%	10%	11%	12%

(2) 중장기 전략방향

중장기 경영분석에서 정량적인 목표가 수립되고 나서 전략을 수립해야 한다. 전략은 각 부문별로 해야 할 혁신과제와 Milestone을 수립하고 가장 중요한 키워드를 산출한다. 도출한 전략은 부문별로 표현하여 중장기 전략방향을 선정한다. 각 부문을 아우르게 만들 조직문화에 대한 내용도 유연하게 수록하면 좋다.

기획팀장은 작성한 초안을 보면서 장 주임에게 각 부문별 자료취합에 대하여 묻는다.

"장 주임, 각 부문별 자료가 이렇게 왔어도, 장 주임은 핵심만 정리해서 깔끔하게 만들어줘야지. 이게 뭔가? 만들다 만 것 같은데?"

미흡한 보고서

부문별 중장기 전략방향	Bad

당사 부문별 중장기 전략방향은 아래와 같습니다.

1. 산업지능 로봇부문
1) 고지능서비스 및 기술경쟁력을 강화합니다.
2) 원가경쟁력을 확보하고 AI Solution을 적용합니다.

거버닝 메시지 필요

2. 반도체 로봇부문
1) M Item의 기술을 차별화합니다.
2) 공정프로세스를 표준화하고 원가경쟁력을 확보합니다.
3) 반도체 후공정라인의 로봇적용을 검토합니다.

3. 자율주행 로봇부문
1) 자율주행시장을 선점합니다.
2) 공장설립을 위한 PF금융경쟁력을 확보합니다.
3) 핵심장비의 기술을 내재화 합니다. 국산화를 80% 이상 보급합니다.

4. AI 로봇부문
1) AI S/W솔로션을 확보합니다.
2) AI 드론판매를 확대합니다. (도서 배송분야 확보)
3) AI 물류사업에 다양한 판로를 확보합니다.
4) AI 신성장 동력(안드로이드봇, 서비스봇)을 발굴합니다.

도식화 필요

장 주임은 자료를 다시 작성하기 시작했다. 우선 매출 1조, 영업이익 12%라는 키워드를 놓고 템플릿에 각 부문의 이름을 기재했다. 각 부문별로 진행하겠다고 하는 내용을 정리해서 넣었다. 또한 조직을 융합하기 위한 HRM전략도 우측 상단에 표현했다. 다시 작성된 자료를 가지고 팀장에게 보고하자 웃으며 말한다.

"그렇지 장 주임, 이제야 자료가 시원하군."

좋은 보고서

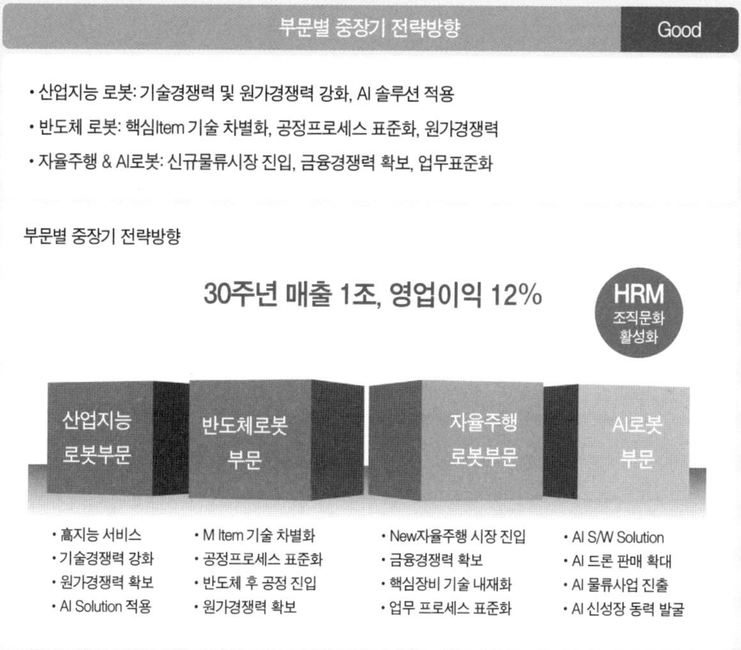

(3) 중장기 경영혁신

회사는 지속적인 혁신을 통하여 생존하고 발전한다. 혁신이 부재하다면 곧 자가당착에 빠지게 되고 구습舊習이 표준화되어 더는 발전을 이룰 수 없다. 가죽을 벗기는 혁신을 구성원들 스스로가 깨닫고 지속적으로 실시해야 한다. 혁신을 수행하고 약 3년간은 변화관리를 해야 하며, 그 이후 다시 혁신2기와 함께 사이클을 반복하는 일상화된 전개가 필요하다.

아래 예시는 텍스트로 만들어 본 자료이다. 연도별 혁신 키워드가 부재하고, 도식화하고 간소화할 필요가 있다.

미흡한 보고서

중장기 경영혁신	Bad

당사 중장기 경영혁신은 아래와 같이 추진합니다.

1. Personnel
   1) 조직문화 혁신을 가속화하여 조직 대응력을 강화합니다.
   2) 인당 교육시간을 1.2배 강화하고, 교육훈련을 프로그램합니다.
   3) 조직문화 활성화: 각종 체험활동, 동아리활동 증대 등

2. Process
   1) 사내 ERP 시스템 및 Process를 고도화합니다
   2) ISO시스템을 적극 활용하여 Document를 표준화합니다.
   3) 제품 및 부품을 표준화하고, SCM을 통한 물류를 혁신합니다.

3. Product
   1) AI를 세대별 표준화하고, 라인을 Renewal합니다.
   2) 21개소 핵심공정을 간소화함으로써, Cost 혁신을 추구합니다.
   3) AI기술 표준화 및 고도화를 추진합니다.

4. System
   1) AI 고도화 및 ERP 2단계 선진화를 진행합니다.
   2) 제품의 라이프사이클을 정의하고 PLM 체계 정립합니다.
   3) 표준DB를 상시 정리하고, Big Data 데이터센터를 확대합니다.

연도별 혁신 키워드 필요

도식화 및 간소화 필요

다시 수정한 자료를 보자. 3P1S로 시스템화된 중장기 경영혁신방안을 수립했다. 5개년간 진행할 혁신의 방향을 키워드로 정리했다. 금년도에는 시스템을 혁신하고 내년에는 정착하는 단계이다. 그 이후 고도화를 거쳐 변화관리를 진행하도록 방향을 선정했다. 변화관리를 하는 방법은 Personal, Process, Product, System으로 요소별 정리를 했다. Personal에는 인적혁신을, Process와 Product는 표준화를, System은 각종 Tool(AI, ERP, PLM)의 선진화를 전략으로 수립했다.

좋은 보고서

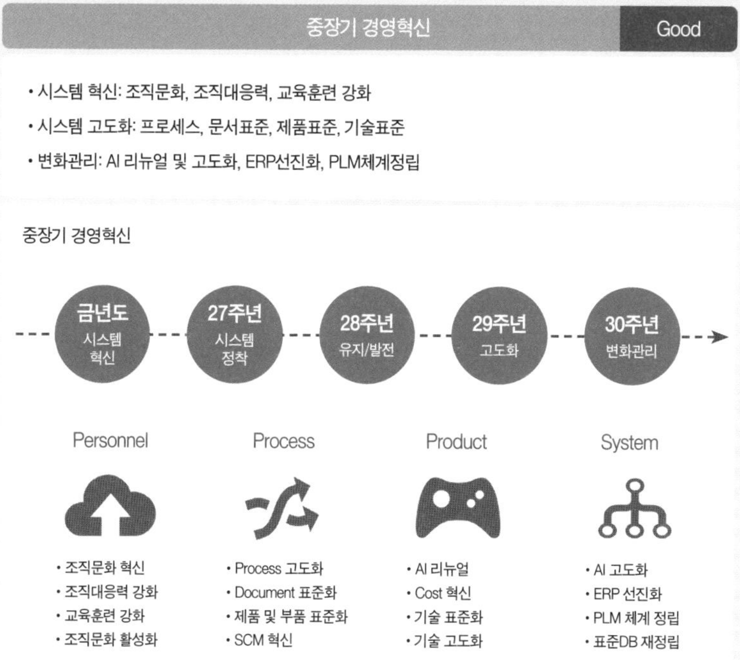

(4) 중장기 기술로드맵

일반적인 제조업에 있어서 기술력은 기업 그 자체의 존재를 의미한다. 기술이 뒷받침 안 되는 제품은, 식당의 메뉴판에서 사라지는 음식과 같다. 지속적인 기술개발은 회사의 운명을 책임진다. 기술은 고객의 니즈보다 앞서가야 하기에 중장기 기술로드맵이 반드시 필요하다.

가령 기술연구소에서 아래 예시와 같이 기술로드맵 초안을 만들었다고 치자. 방향성이 보이는가? 부문별 도식화와 연도별 로드맵이 없으므로 기술조직이 어떤 기술비전을 가져야 할지 알 수 없다.

미흡한 보고서

중장기 기술로드맵	Bad

당사 부문별 중장기 기술로드맵은 아래와 같습니다.

1. 산업지능 로봇부문
1) Monkey 1.5 → 2.0→ 3.0 버전업
2) Wolf 1 → 2 버전업, Rabbit 버전2 추진

부문별 도식화 필요

2. 반도체 로봇부문
1) Tiger 1→ 2로 버전업
2) ECS(Eagle Control System) 3 → 4 버전업
3) Fox 1 → 2로 버전업

3. 자율주행 로봇부문
1) Smart Factory용 로봇시장 진입(금년도)
2) ADSM : Automatic Driving Smart Machine 1~3까지 버전업
3) Auto Shuttle 진행(27년도)

연도별 로드맵 필요

4. AI 로봇부문
1) AI Atom, AI TKV 론칭(금년도)
2) 택스드론, 바이오드론 진행(27년도)
3) AIMS(AI Management System) 1, 2 확보(28년도)
4) AI UAV(Unmanned aerial vehicle) 확보(28년도)

중장기 기술로드맵을 X, Y축에 각 부문을 명기하고 Z축에 5개년을 기재한 후, 각 부문별로 향후 5년간 시장에 내어놓을 제품을 한눈에 도식하는 장표로 가공했다. 가령 산업지능로봇은 Monkey라는 제품을 Ver.1.5~3까지 매년 업그레이드하고, 금년에는 Wolf Ver.1을 29주년에 Ver.2를 개발하며, Rabbit Ver.2는 27주년에 개발한다. 이렇듯 기업 내 연구 및 신제품 유관 조직은 기술로드맵을 참조하여 기술력 향상과 개발의 기준으로 삼게 된다.

좋은 보고서

중장기 기술로드맵	Good

- Wolf, Fox, Tiger, Eagle 위주의 최첨단 Auto지능로봇으로 기술 개발
- 자율주행기술, AI기술을 활용한 세계적인 최첨단 로봇으로 기술 진화
- Cognitive Computing, Machine Learning, Deep Learning, AIMS

중장기 기술로드맵

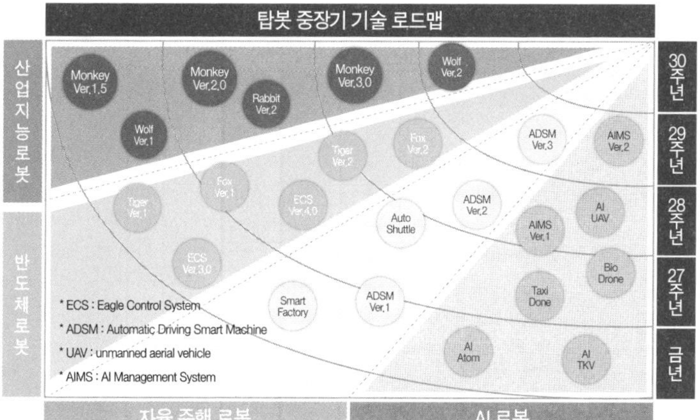

4장

내 인생을 빛나게 하는 자기계발 보고서

20

자기계발 보고서 예시

보고서는 직장에서만 필요한 것이 아니다. 나 자신을 위한 보고서를 쓰고 업데이트하는 과정에서 나 자신의 철학과 인생관이 확고해진다. 이번 장에서는 내 인생에 관한 자기계발 보고서의 예시를 살펴보겠다.

내 인생을 좀더 우아하고 아름답게 마무리할 수 있는 방법은 없을까?

과거로부터 살아온 내 삶과 미래의 내 모습은 무엇인가?

올해 해야 할 목표와 방향성은 무엇일까?

30, 40, 50대에 해야 할 일들과 역량 증진을 위해 준비해야 할 것은 무엇인가?

하와이 호놀룰루 해변에서 서핑을 하고, 세이셸의 산호초섬에서 연인과 스쿠버다이빙을 하거나, 캐나다 천섬에서 물멍을 때리며 편히 쉬어가는 시간을 갖고 싶다. 내 인생에 반드시 이루고 싶은 버킷리스트를 적어봐야지.

만일 현재 상황에서 벗어나고 싶다면 10년 후 백만장자가 되겠다던 짐 캐리처럼 내 경력서를 기재하고 업데이트해 봐야 한다. 매일 머릿속에서 맴돌던 말들을 글로 표현해 보면 그렇게 점점 현실화되어 가는 내 인생을 느낄 수 있다. 소파와 한 몸이 되어 있는 휴일을 활용하여 자기계발 보고서를 작성하는 방법을 예시로 살펴본다.

21

어떤 죽음을 맞이할 것인가? _ My Obituary

우리는 가끔 자문自問한다. 나는 어떤 삶을 살며 고귀하게 죽을 것인가? 이대로 늙는 것보다 멋지고 풍요로운 삶을 살며 90세에 미련 없이 가고 싶다. 학식을 겸비하고 세상에 기여할 수 있는 왕성한 활동을 해야지. 대한민국에 많은 세금을 내고 불우한 이웃을 도울 수 있는 내 회사도 하나 갖고 싶다. 그때가 되면 내 아이도 사회에 기여하는 훌륭한 인재로 성장해 있을 것이다.

이런 소원을 말로만 설명한다면 일시적이고 의미 없을 것이다. 각자의 생을 아름답게 만들 자신의 부고 기사를 만들어보자. 불가능한 단어가 목표가 되어 나를 진일보하게 만든다.

다음은 진솔한 대리가 작성한 부고 기사의 예시다.

연합신문

AI로봇계 별이 지다. 진솔그룹 진솔한 명예회장 90세로 별세(2080년 1월)

우리 사회의 로봇의 초일류 리더이며, 경영학 박사로서 왕성한 협회활동을 하였던 진솔그룹 진솔한 회장이 향년 90세로 자택에서 별세하였다.

故 진 회장은 진솔그룹(진솔홀딩스, 진솔산학연재단, 진솔경영연구소, 진솔로봇컨설팅, 진솔자산컨설팅, 진솔로봇연구소)의 오너로서 활발한 경제활동을 통해 국가발전에 크게 기여한 바 있다. 또한 그는 경영학 박사로서 20여 권의 로봇관련 저서를 편찬하였으며, 자기계발의 리더로서 전10권이 베스트셀러가 된 바 있는 《직장생활 백서》를 임종 전까지 집필하는 등 왕성한 활동을 하였다.

딸 진정해 교수(서울대 의과학장)와 아들 진정한 회장(겸, 진솔연구소장)의 존경스러운 아버지로서 자손들을 미래의 초일류 리더로 성장시켰으며, 화목하고 모범적인 삶을 영위하였다.

그는 또한 훌륭한 기업가였다. 진솔경영연구소(매출 2,000억, 이코노미스트 컨설팅부문 세계 Rank 30위)는 블로그로 시작하여 일약 세계적 경영컨설팅업체로 성장시켰으며, 진솔로봇컨설팅(매출 2,000억)은 국내 로봇컨설팅산업의 독보적 존재로서, AI로봇의 신세계 창출에 기여하였다.

한국의 세금을 잘 내는 기업인으로 대통령표창(2050년)을 받았으며, 세계일류 상품의 출시로 금탑산업훈장(2060)을 수훈하였다.

그는 골프(AV.80), 수영(Pin.3km), 요가와 독서(100권/년)를 즐겼으며, "가족 세계여행(100개국)이 가장 바람직한 일이었다"는 유언과 함께 생을 마감하였다.

22

굴곡진 내 삶을 그려볼까? _ My Life Graph

내 삶의 과거, 현재, 미래를 그래프에 그려보는 보고서이다. 먼저 인생에 성취해야 할 빅피처 미션을 5개 정도 만든다. 미션에는 재테크, 자격증, 커리어, 화목한 가정 등 간절히 원하는 것을 적는다.

제일 먼저 필요한 것은 역시 돈이다. 인생그래프의 좌측에는 자산을, 하단에는 나이(Time)를 표시한다. 대략 40세에는 나도 10억 정도는 만들어야 행복하지 않을까? 물론 쉽지 않고 이루기 어렵다는 것을 잘 안다. 그렇다고 꿈까지 없으면 안 된다.

기혼자라면 아내와 아이를 포함한 가족을 기재해 본다. 그래프의 위에는 성취물과 기회를, 아래에는 실패와 위기를 기재한다. '아, 내 인생도 순탄치 않구나' 하는 생각과 함께 인생의 굴곡이 느껴진다. 그래프를 우상향시켜야겠다는 불굴의 의지가 생긴다.

내 삶 그래프(My Life Graph)

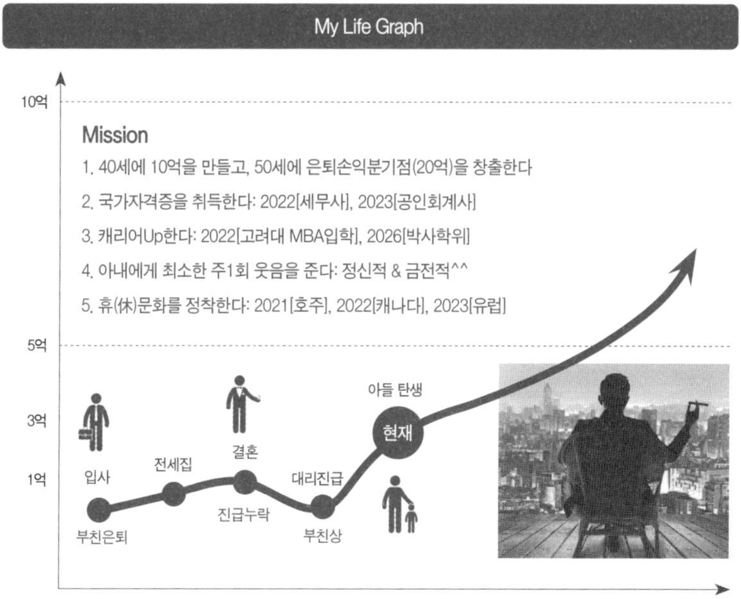

	2017	2018	2019	2020	2021	2022	2023	2024	2025
진솔한	28세	29세	30(결혼)	31	32	33	34	35	36
아내	26세	27세	28(결혼)	29	30	31	32	33	34
아들					1세	2	3	4	5

23

올해 자기계발 지침서 _ Self Development Plan

회사에서 성과물이 도출되는 것은 전략의 차별화 덕분이다. 왜 회사에서만 전략을 수립하려 하는가? 자기계발도 전략을 세워야 이루어진다. 자기계발의 지침서를 작성해 보자.

첫째, 건강해야지. 코로나19는 물론 각종 질병에 걸리면 정말이지 답이 없다. 재산이라곤 몸이 전부이므로 건강이 최고다.

둘째, 대기업 경력직 공채에도 도전해보고 싶다. 가장 큰 조건은 외국어이다. 영어는 상위권이므로 제2외국어 일어를 700점까지 끌어 올려야겠다.

개인적으로 블로그, 유튜브와 인스타그램도 업로딩해보자.

전공 공부와 독서, 휴식에 대해서도 '때가 되면 해야지' 하는 생각보다 정량적인 목표를 설정해 보았다. 그리고 전체적인 것 중에 올해 반드시 달성해야 하는 과제를 적색으로 색인한다. 내가 해야 할 자기계발 계획을 월별로 수립해 보면, 성과에 대한 전략적인 열의熱意가 생긴다.

금년도 자기계발 지침서(Self Development Plan)

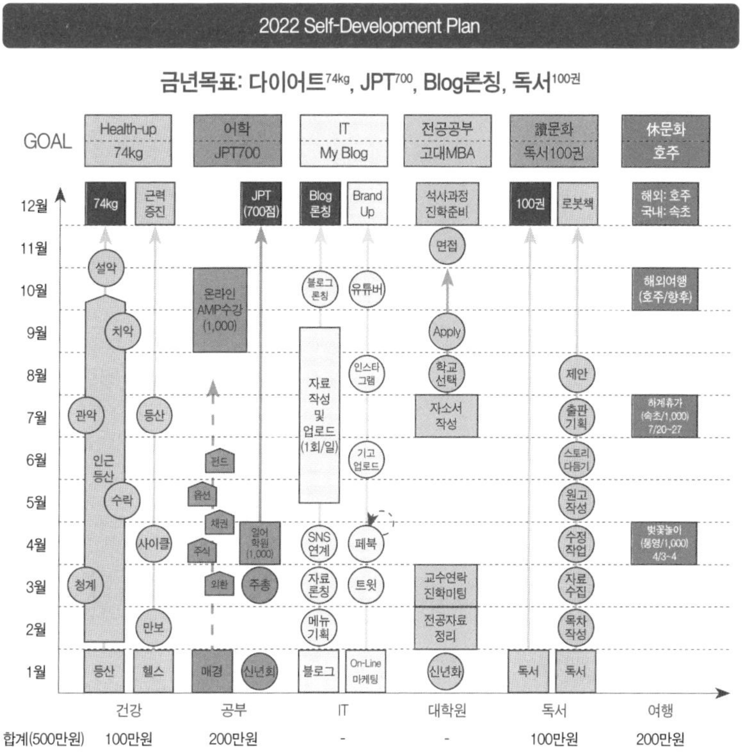

24

10년 단위 삶을 위한 계획 _ Career Roadmap

내 화려했던 인생도 금방 종점에 도달한다. 생각해 보면 내 정년 60세 즈음 아들과 딸이 대학교를 졸업할 나이다. 그때까지 벌어야 할 것을 생각하니, 가슴이 먹먹하고 어깨가 무겁다.

내가 늙는 것은 어차피 필연적 진행형이다. 그러나, 어떻게 늙어갈 것이냐가 중요하다. 그러려면 커리어 로드맵을 비즈니스 차원에서 30, 40, 50, 60세 등 10년 텀으로 작성해 볼 필요가 있다.

우선 30대 중반까지는 기획에서 일을 배우고, 40대에는 영업직무를 수행해야지. 영업은 어차피 한번은 해봐야 한다. 계속 직장생활만 할 수는 없지 않는가? 향후 내 사업을 위해서라도 직장생활에서 영업능력의 준비는 필수다. 이대로 성장한다면, 50대에 임원을 달고, 60세 이전에 사장이 되어야 한다. 이 모든 것을 이루려면 직무의 성장 방향에 걸맞은 지식습득도 적어봐야지. MBA와 자격증을 가져야겠다.

커리어 로드맵(Career Roadmap)

Career Roadmap

금년에 고려대MBA에 진학한다. 56세 사장이 된다.

Key Factor

연령				Business		Vision(공부,자격 등)	Output
구분		나이	년도	업무	직급		
30대	초반	31	현재	경영기획팀	대리1	세무사 공부	
		32	2022	경영기획팀	대리2	고려대MBA진학	
	중반	33~35	2025	경영기획팀장	과장	고려대MBA졸업	석사
	후반	36~40	2030	영업팀	차장	세무사 취득	CTA
40대	전반	41~45	2031~	영업팀장	차장	데일카네기 리더십 이수	1st 출판
	후반	46~50	~2035	영업팀장	부장	고려대 경영학박사 졸업	Ph.D
50대	전반	50~55	~2037	사업부문장	상무	공인회계사 취득	CPA
	후반	56~59	~2049	사장	대표	로봇공학 AMP(서울대)	AMP
60대	초반	60~64	~2054	진솔 연구소 설립	CEO	명예경영학박사(서울대)	5권 집필
	후반	65~69	~2059	진솔 컨설팅 설립	CEO	로봇공학 AMP(외국대)	
70대	초반	70~74	~2064	진솔재단 설립	CEO	장학재단(성대,건대,경대)	
	후반	75~79	~2069	진솔 홀딩스(회장)	회장	금탑훈장, Time표지모델	
80대	초반	80~84	~2074	진솔 그룹	회장(명)	월드재단 설립	10권 집필
	후반	85~89	~2079	진솔 그룹	은퇴	기부계획수립	
90대	초반	90~94	~2084	진솔 기부재단	이사장	전세계 여행실시	자서전
	후반	95~99	~2089	각종 협회활동	이사장	인생어록 만들기	20권 집필

관심직업〉
세무사, 정부자산관리사, 공인회계사, 컨벤션기획사, 경영서비스 매니저, 행정직원, 선물중개인
직업상담원, 면접시험관, 토지관리원, 법원보안원, 노무사, 전문비서, 회의기획자, 채권관리원

25

내 인생 30가지 버킷리스트 _ Bucket List 30

나를 미치게 하는 것은 무엇인가? 어릴 적 친구들이 놀자고 부추기는데 내가 꼭 가고 싶다면 무슨 수를 써서라도 갔던 기억이 있다. 이렇듯 내가 꼭 이루고 싶은 것은 나의 심장을 두근거리게 한다.

내 인생 버킷리스트를 30가지 만들어보자. 먼저 두서없이 50개를 적고 불필요하거나 이루기 쉬운 것은 통합하거나 지워버렸다. 30가지가 많을 것 같은데, 막상 적다 보니까 욕심도 생기고, 좀 더 정교하게 만들게 되었다. 꼭 이루고 싶은 것들이기 때문이다.

월요일에 만들어서 벽에 부착하고, 일주일간 수정을 거듭했다. 작성하면서 건강, 여행, 회사, 인맥 등이 자연스럽게 그룹핑되었다. 주요 내용과 목표치를 기재하고 최종자료를 A3로 큼지막하게 출력하여 액자로 걸었다. 바라보면 다짐이 생기고 완료되면 뿌듯하다.

내 인생 30가지 버킷리스트(Bucket List 30)

30's on My Bucket List

'22 중점과제

순번	구분	내용	목표치	기한	2022 Action
1	건강	운동 열심히 하기(등산,수영)	국내 10개 명산 등정	평생	체중 74kg 유지
2		피부관리하기. 선크림을 바르기	피부탱탱	평생	선크림,마스크팩(土)
3		90세까지 치아를 훌륭하게 유지	충치X, 임플란트 안 하기	평생	칫솔(3), 스켈링(생일)
4		담배 끊기, 술 줄이기	禁煙, 節酒(주1회內)	평생	
5	여행	가족과 국내여행 마스터	장소(100곳) or 연속(15일)	평생	
6		가족과 해외여행 3군데 하기	터키, 천섬, 빅토리아폭포	2025.3.29	남해,속초,호주
7		가족과 충분한 시간보내기		평생	
8		아이들과 충분히 놀아주기		2035.12.31	
9	회사	임원 → 경영진까지 해보기	상무('36), 부사장, 사장	평생	
10		두려운 일을 해내기	영업하기, 결정력 갖추기	평생	
11	인맥	멘토와 주기적인 교류하기	년 1회 이상	평생	멘토선물(스승날)
12		나만의 생각을 담은 강연하기	300명이상	평생	
13		타인과 관계 넓히기	인맥지도 만들기('21)	평생	He is Mine전략
14	봉사	생활속 봉사활동, 재능기부하기	사외기관 컨설팅	평생	
15	공부	학교에서 열심히 공부하기	박사 졸업	평생	고대MBA 진학
16		국가가 인증하는 자격증 따기	세무사, 공인회계사	평생	
17		일본어 마스터하기(원어민 수준)	NHK알아들을 수준	2022.12.31	JPT 700점
18	재테크	주택청약 당첨되기	위례지구 당첨	2023.12.31	
19		후손에게 물려줄 가치 유산 갖기	태양광발전소 100KW	평생	
20	독서	일주일에 한번이상 경제신문읽기	주1회, 매일경제 스크랩	평생	
21		1년에 책 50권 이상 읽기	주 1권	평생	독서 100권
22		책10권 집필 도전하기	'37(1st), '54(5권), '74(10권)	2037.12.31	
23		블로그에 연재 100개 하기	블로그 구축	2016.12.31	블로그 구축
24	Fun	재밌는 파티 마술 10개 익히기	마술 10개	2025.12.31	학원(2025.7월~)
25		100명 관중 앞에서 춤 공연하기	BTS 춤	2023.12.31	BTS 춤(동영상+연습)
26		악기 마스터하기(피아노+노래)	피아노치기	2025.12.31	학원('25.1월~)
27		우리 가족 얼굴 내 손으로 그리기	친구가 와~ 하는 수준	2025.12.31	학원('25.7월~)
28		요리 마스터하기(양식 위주)	요리 주1회	평생	학원('30.1월~)
29		명언 및 스케줄 공유하기	명언보드, 달력	평생	명언보드, 달력 부착
30		1년 365일 일기쓰기	토막일기/每日	평생	플랭클린 App활용

26

매년 업데이트하는 경력기술서 _ Career Certificate

직장에 들어가기 위해서 이력서와 자소서를 작성한다. 경력자는 경력증명서를 추가한다. 이 보고서는 내 경력 중에서 핵심 임팩트를 정리해 보는 것이다.

매년 경력증명서를 작성해 보면 어떨까? 언제든지 창업과 이직을 상상하는 세상이다. 짧은 인생을 의미 있게 살기 위해서는 경험의 축적이 필요하다. 맨 처음에는 이직을 생각하면서 작성하지만, 매년 업데이트하다 보면 자신을 성찰하게 된다. 내 강점은 무엇이고 회사에서는 연도별로 무슨 업무를 했고, 어떤 교육을 수료했는지 확인한다. 즉, 효율적으로 관리하는 삶을 살기 위해서는 매년 경력증명서를 버전업시켜야 함을 깨닫게 되는 것이다.

매년 쓰는 경력증명서는 일기가 아닌 연기年記이다. 연도별로 칸을 삽

입하며 업데이트하는 과정에서 성장과 통찰의 깨달음을 얻게 된다.

매년 쓰는 경력증명서

My Career Certificate

성명		진솔한
주민번호		900330-*******
가족관계		기혼, 자2(딸2세,아들1세)
주요자격		운전면허1종('09), 경영분석사('20)
학력 (졸업)	고교	창원고등학교('08)
	대학	성균관대 경영학과 학사('17)
주요교육		제조원가&GVE('19), 기획관리전문가('19), 경영분석전문가('20)
TF활동		ERP TF('20), 경영혁신TF활동('21)
과외활동		농구서클회장('19), RPA 동호회 총무('20),사우회장('21)
포상현황		기획부문 우수상('19), 탑봇 학습상('20)
주요논문		BSC를 활용한 기업의 혁신모델링('18, 성대학술지)

	구분	회사	팀	지급	주요업무	비고
주요 경력	2017	(주)탑봇	전략기획	사원1	원가기획, 회의주관	
	2018			사원2	사업기획, 회의주관	
	2019		경영기획	사원3	투자심의 담당	CPAA취득
	2020			대리1	Valuation, 투심담당	
	2021			대리2	각종 경영기획 관련	CPPA취득

27

자기계발을 프로젝트화 하는 디지털 서재 _ Digital Library

"당신은 언제 회사에서 나오게 될까? 회사는 효용성이 있는 순간까지만 고용하지. 절대 가치 없는 직장인을 출근하도록 놔두지 않아. 그렇다면 당신은 직장 이면에 준비된 것은 뭐지?"

몇 년 전 명퇴하는 고참이 소주를 삼키며 물어본 말이다. 직장이 전부일까? 아니다. 내 역량도 증진해야 한다. 하지만 회사가 나를 그냥 두지 않는다. 매일 많은 업무가 쌓이고, 집에서도 잔업을 해야 할 경우가 있다. 많은 업무는 나를 성장시키지만, 가끔 이런 생각이 든다.

'나는 자기계발을 하고 있는가?'

'한눈에 조망할 수 있는 방법은 없을까?'

필자가 해본 방법 중 가장 좋은 것은 내 서재를 만드는 것이다. 그렇지만 내 형편에 서재를 갖출 수 없다면 엑셀로 디지털 서재를 만들어보

자. 우선 책장을 반으로 나누어 왼쪽에는 자기계발 프로젝트를, 오른쪽은 가치소비를 정리해 보자. 자기계발과 관련된 각종 계약서 등 서류는 스캔하여 저장하고 링크를 걸어둔다. 이후 서재를 클라우드에 저장하여 활용한다.

나만의 책장을 만들자

28

연휴를 후회 없이 보내기 _ To Do & Done List

직장인은 휴일에는 쉬어야 한다. 침대 밖은 위험하다는 생각으로 오롯한 시간을 TV 시청하거나 각종 게임을 하며 보내야 한다. 하지만, 이렇게 휴일을 10년간 보낸다면 무엇을 이룰 수 있을까?

연휴를 알차게 보내야 한다. 필자는 추석 연휴 4일간 계획을 수립하여 보낸다. 평소에 못 했던 것을 며칠 쉴 때 해치운다면 연휴 이후에 상당한 여유를 가질 수 있기 때문이다.

먼저, 건강, 집필, 투자, 회사 등의 키워드를 좌측에 기재하고, 우측에는 각각 해야 할 일의 정량적 목표와 완료일을 적는다. 맨 처음에는 내가 쉬는 것도 계획을 수립해야 하는가, 하는 자괴감이 들 수도 있지만, 적다 보면 꼭 하고 싶었던 일이 점점 생각난다. 예를 들어, 세 번째 책을 퇴고한다던가, 넷플릭스에서 〈오징어게임〉, 〈D.P〉 등을 정주행하는 것은 연휴가 아니면 결코 덤빌 수 없는 미션이기 때문이다.

추석에는 기름진 음식과 함께 음복주로 인해 살이 찌기 쉬워서, 골프나 1만 보 걷기 등의 횟수를 작성하여 건강유지를 하는 것도 적어본다. 리스트를 벽에 부착하고, '반드시 할 일(Must Do)'은 적색으로 표현한 다음, 이미 끝난 것은 취소선으로 주욱 그어 버리자.

요즘에는 To Do List(해야 할 일)보다는 Done List(완수한 일)가 자신감 증진과 성과 향상에 더 긍정적이라고 한다. 후회 없는 휴일을 보내기 위해 계획을 수립해 보자.

To Do & Done List [추석연휴: 9/18~22]

Must Do

To Do: 휴식, 새로운 것, 하고 싶던 것, 건강한 것 해보기

1	건강	~~①禁酒(週 3일▲)~~, ②다이어트(84kg→80kg), ~~③섭취(비타민 및 홍삼)~~
2	집필	~~①원고제출(9/18), ②출판사 미팅(9/19)~~, ③탈고(9월), ④출판(10월)
3	투자	~~①주식: GNT파마(5백), ②ETF: Blue(3백)~~, ③M사 PV 1MW미팅(9/21)
4	유튜브	~~①사업정리(9/19)~~, ②수강(PHR: 9/21), ③촬영(10월), ④업로딩(11월)
5	회사	~~①책상정리(9/17), ②A프로젝트 정리(9/20)~~, ③K제안서 작성(9/21)
6	운동	~~①워킹(7천보 이상, 3일▲)~~, ②골프(~~스크린2회▲~~, 연습장1회▲)
7	독서	~~①트렌드코리아2022~~, ②달러구트 꿈 백화점, ③돈의 속성, ~~④구독경제~~
8	영화	~~①오징어게임(9/18), ②D.P(9/19)~~, ③킹덤(시즌1, 2, 아신전, 9/20~22)
9	준비	~~①Y-Shirt다림질, ②일정체크 및 월력 리뉴얼, ③가을옷 정리, 스타일링~~
10	플랜	①10년 플랜, ②여행계획(단기: 남해, 장기: 호주), ③온라인 카페 구상

Done: To Do List 중 완료된 것은 취소선으로 표시

부록

기업의 난제 풀이 보고서 예제 30선

인트로(Intro)

시중에는 교과서에 나온 분석기법을 실제 적용한 예제가 담긴 책은 거의 없다. 그만큼 현실에서는 적용 불가한 이유도 있지만, 무엇보다도 현업에서 분석 툴을 이용하면 오히려 날카롭게 본질을 파고들지 못하는 경우가 대부분이기 때문이다. 마치 템플릿의 도형 안에 억지로 끼워 넣은 키워드처럼.

회사의 난제들에 대하여 다양한 시각이 있겠지만, 필자가 직장생활에서 가장 어려웠던, 경영진의 지시사항을 풀어낸 예제를 수록하고자 한다. 현장에서 나온 문제를 풀어낸 것이 대부분이지만, 편의상 사장이 지시하고 즉시 해결하는 구조로 작성했고, 가상의 회사인 ㈜탑봇의 아이템을 그대로 사용하고자 한다.

30가지 난제 목차

영업부문	제조부문	시공부문	관리부문	기획부문
New AI드론 개발사항 보고	Auto-Arm로봇 제조전략	산업지능로봇 O&M사업	탑봇 소통상 선정안	반도체 로봇부문 혁신과제 선정
스마트슈트 Marketing Mix	호버 시리즈 제조플랜 방안	로봇시스템 EPC사업 요약도	현장인력 사가독서제도	산업지능 AI로봇 클러스터 사업
드론 판매대리점 중장기 운영전략	산업지능 로봇의 PEST분석	미국 대단위 로봇사업 절차도	자율주행로봇 ESS시스템 구매	제주도사업, 세 가지 약속
서비스 로봇사업 온라인Biz. 전략	AI로봇 장비리스 OEM생산 방안	로봇시스템 사업부 분사전략	로봇사업 PF추진 보고	로봇Item별 성장 및 경쟁전략
Item교차판매 성과적용(案)	人보조 전문로봇 신규공장 론칭 방향성 결정	저수지 통합관제 로봇 추진계획	부문별 혁신과제 DDC추진방안	신사업제안 검토 프로세스 확립
스마트팜 AI로봇 호남지사 운영안	해외 로봇공장 JV투자 의사결정	농가보급형 무인 로봇사업 추진	AI정보타운 추진 개요도	군수용 드론로봇 추진안(정부과제)

대체로 어려운 문제들은 즉시 해결되지 않는다. 그렇다고 풀지 않고 넘어갈 수 없는 중요한 사안들인 경우가 대부분이다. 그래서 많은 회사들은 이런 중점 해결과제를 모아놓는 난제 뱅크를 만들어서 기획팀 혹은 TF팀을 구성하여 해결하고자 노력한다.

필자가 경험한 난제 뱅크는 경영혁신과제, 경영위원회, 주니어보드에서 주로 발생했다.

첫째, 경영혁신과제는 각 팀별로 반드시 수행해야 할 중점과제를 의미하는데, 다수의 팀이 CFT Cross Functional Team로 해결해야 하는 부분이 발생했다. 즉 어느 한 팀이 해결할 수 없고 다수 팀이 협업해야 하는 과제이다. 이런 경우 각 팀별 책임이 없게 되는 Gray Zone(회색존: 어느 영역에도 속하지 않는 부분)에서 난제가 발생했다.

둘째, 경영위원회는 매주 진행하는 최고위급 회의에서 양산되는 회의록에서 문제점들이 나오는데, 즉시 해결하기 어려운 사항이 난제 뱅크로 이관되었다.

셋째, 주니어보드는 대리급 이하가 한 달에 한 번 진행하는 이사회를 의미한다. 주로 회사를 위한 아이디어, 제안심의와 건의사항이 논의된다. 그렇지만 창의적인 훌륭한 내용이 즉시 실행할 수 없게 되면서 난제로 변모했다.

이런 난제들을 한 장씩 정리하여 해결한 예제를 수록한다. 솔루션 방법은 본서 제1장 4절에서 보았던 5가지 구조화 방법을 활용했다. ❶ 배경을 정의하고, ❷ 문제를 확인하며, ❸ 원인과 ❹ 해결을 찾아내고, ❺ 의사결정을 하는 순서이다.

난제 뱅크 모형과 솔루션 프로세스

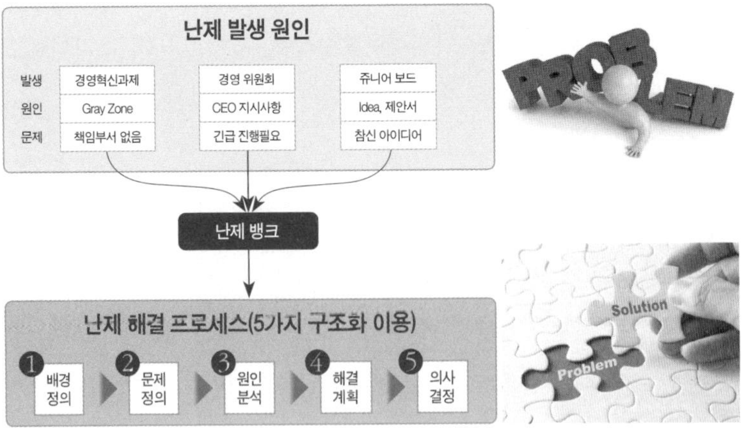

30개의 과제를 해결하기 위해서 우선 통일된 양식을 적용했다. 양식이 없이 진행하다 보면 일목요연하지 않기 때문이다. 난제가 발생한 이유인 고객 니즈, CEO 지시사항과 분석 방법을 상단에 작성했고, 하단에는 배경, 문제, 원인, 계획, 의사결정의 5가지 구조화 방식으로 작성했다. 1페이지에 1개의 난제를 풀어내는 One Page Proposal도 접목했다.

한 장이지만 넓게 펼치면 핵심요약 장표 3장의 수준이다. 서울시민 세 명 중 한 명은 20대의 MZ 세대라고 한다. MZ 세대의 78.7%가 유튜브를 이용한다(출처: KISDI, 유진투자증권). 유튜브는 누군가가 복잡한 것을 재미있게 단순화하여, 짧은 시간에 경험치를 영상으로 전달해주기 때문에 유용하다. '구독'과 '좋아요'는 가치에 대한 보답이다. 보고서도 마찬가지로 요약이 중요하다는 점에서 난제 풀이 부록을 참조했으면 한다. 유튜브로도 30개의 과제해결을 명료하게 업로딩 예정이므로 많은 구독을 바란다.

부록에 예시한 내용도 여러분의 사업, 현황, 아이템, 직무 등을 대입하면 훌륭한 제안서가 될 수 있다. 기존의 책들은 예시없이 학문적인 방법의 소개에 치중했다면, 본서는 실제 적용해 보지 않았다면 상상만으로는 나올 수 없는 예제가 있다는 점에서 격차가 있다.

생각의 깊이만큼 보고서의 퀄리티가 상향되듯이, 30개의 부록은 여러분이 고심하는 숙제의 전혀 다른 아이템을 대입해도 손쉽게 아이디어를 고안할 수 있다.

1. 영업부문

(1) New AI드론 개발사항 보고

난제	고객니즈	신규 배달용 드론을 개발해야 하나? Stop해야 하나?
	CEO지시	"신규 배달용 드론의 마케팅전략을 보고할 것!"
	분석방법	MTBF분석을 통한 신규 AI드론의 마케팅전략 수립

NEW AI 드론 개발사항 보고

배경

- 향후 고효율 드론시장확대의 대안으로 AI를 탑재하여 개발
- 한국형 배달형 AI드론의 적합모델(+국산Premium)

진행

- 1/5 드론사업부 AI 21투자 심의회 진행: Laser장비 투자결정
- 1/10 설비투자 결정품의 완료, 1/30일 발주 및 Line Set-up중

내용

구분	Market	Target
현황	드론 시장	AI 시스템
세부 내용	1) 배달시간의 격차 AI21 1hr / AI22 0.9hr (0.1hr) 2) 고객반응 AI22 적극적	1) 금년: AI22 적용불가 AI 21로 주력 2) 내년: AI22의 확대 국방부 협의/승인 후, 적용검토→타깃명확화
근거	시장현황(드론영업팀,1/5)	회의록(AI시스템팀,1/2)

구분	Brand	Focus
현황	국산브랜드 Premium	AI 시스템
세부 내용	1) AI시스템 생산확장 2) 시장인지 - 중국AI드론의 불신감 - 국산프리미엄 확대	1) AI22의 신속한 개발 1) 고객은 점차 AI22 선호 선택과 집중차원에서 AI22 확대전략 이득
근거	생산확장 결정(경영委)	드론매거진,1/4

결정

- 의결사항: AI 22 조기투자 결정(Go or No)
- 결정기한: 2/15일까지

Next, 나는 매일 로봇을 입는다!

(2) 아웃도어 스마트슈트 Marketing Mix

난제		
난제	고객니즈	휴먼강화로봇(스마트슈트) 고객에 대한 정의가 필요
	CEO지시	"웨어러블 스마트슈트의 마케팅방안을 수립할 것!"
	분석방법	STP분석을 통해 고객점유전략 수립

아웃도어 스마트슈트 Marketing Mix

배경

- 아웃도어 웨어러블슈트의 마케팅플랜을 수립할 것
- 마케팅계획을 수립 후, 영업에서는 판매방향을 수립할 것

문제

- 문제: 슈트가 아직 개발중인 단계로 시장에 대한 분석이 필요
- 개선: STP분석을 통해 고객점유를 위한 마켓포지션 선정

방향

1. Segmentation: Customer Needs

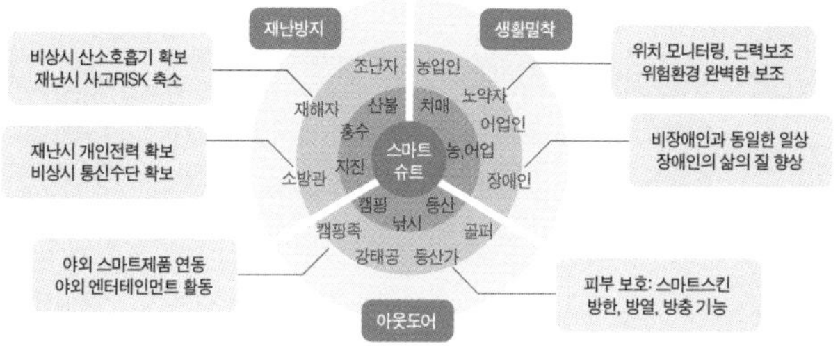

2. Targeting

지역	대한민국	미국	중국	동남아
채널	온라인 +오프라인	온라인	오프라인	아웃사이드
사용	Survival	Leisure	생활밀착	스마트 라이프
이미지	자연스러움	활동적인	고급스러운	안전한

- 재난방지, 생활밀착은 부수적인 기능으로 홍보
- 제품Identity를 위해 아웃도어 위주로 홍보

3. Positioning

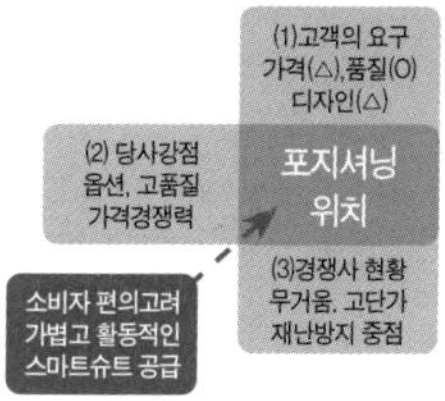

Next. 편의점에서 산 드론으로, 그녀에게 마음을 전했다~♡

(3) 드론 판매 대리점 중장기 운영전략

난제		
난제	고객니즈	전국 대리점 어디든지 드론을 살 수 있도록 요망
	CEO지시	"대리점을 활용하여 드론을 최대한 많이 판매해라!"
	분석방법	초,중,장기 마켓셰어 분석을 통한 판매전략 수립

드론 판매 대리점 중장기 운영전략

배경
- 드론(가정, 기업)에 대한 판매를 증대시키기 위해서,
- 기존의 영업조직 이외에 대리점을 증대하여 운영하고자 함

문제/원인
- 문제: 드론판매 마켓셰어 28%, 반면 시장이 정책에 유동적임
- 원인: 영업조직의 증대보다는 대리점의 추가 확보가 유리

방향
- 방향1: 대리점 공고를 통한 추가대리점 확보
- 방향2: 당사 OB출신들에게 대리점권리를 부여하여 진행

내용

초기	중기	장기
M/S: 28%	M/S: 35%	M/S: 50%
대리점: 23개	M/S: 46개	M/S: 70개
경쟁력 있는 공급가	비즈니스 솔루션 제공	대리점사 경쟁&육성
• 경쟁사 대비 가격경쟁력 확보 • Royalty확보	• 다양한 비즈니스 모델 및 솔루션 제공 • 금융상품 제공: 브릿지론, PF, 대출, 여신 • 다양한 모델 구비 - 버드드론 - Bat 드론 등	• 판매실적 평가적용 • 실적평가를 통한 혜택 차등적용으로 매출증대 동기부여 • 포상: 연말 매출실적 따른 포상금지급 • 핵심파트너사 선정 및 우대(여신 등)
브랜드 인지도 향상		
• 전면광고 및 홍보 • 전시회 동반참여 • 홈페이지 대리점노출		

결정
- 대리점을 5년 이내 70개 이상 확보하여, 마켓셰어를 50% 점유
- 대리점 운영계획을 수립, 홍보 및 모집

Next. 저녁에 주문한 로봇이 아침에 배달!

(4) 서비스 로봇사업의 온라인비즈니스 전략

난제	고객니즈	고가의 로봇도 온라인에서 살수 있도록 해주세요!
	CEO지시	"서비스 로봇의 온라인 판매방안을 수립할 것!"
	분석방법	기존 Viral 對比 신규 On-Line 마케팅전략 수립

서비스 로봇사업의 온라인비즈니스 전략	
배경	• 수요가 증가하는 서비스부문(호텔, 카페 등)의 영업강화 • 비대면 영업의 활성화로, 온라인으로 판매를 증진
문제/원인	• 문제: 기존산업은 제조위주의 대량공급체계 • 원인: 영업의 방향이 오프라인으로 대면영업위주
방향	• 온라인으로 클릭, 영업자상담 후 점진적으로 온라인판매 • 온라인 운영 및 우수고객 혜택부여(가점, 인센티브)
내용	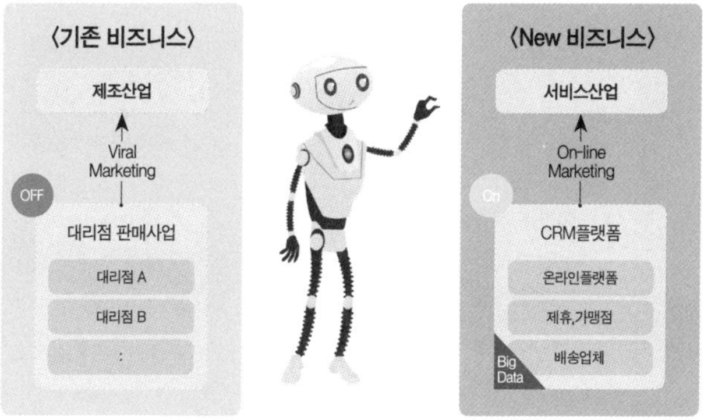
결정	• 경영정보팀: 온라인 사업의 플랫폼 구축(제휴, 가맹, 배송 등) • 영업조직: 각 영업팀의 판촉활동, 온라인 플랫폼 개소식 실시

Next. 그래, 교차판매로 차 한번 바꿔보자!

(5) 영업팀별 Item교차판매 성과적용(案)

난제	고객니즈	타 팀의 제품을 판매시 별도의 인센티브를 달라!
	CEO지시	"영업팀별 아이템을 구분없이 판매하도록 유도할 것"
	분석방법	ERP혁신을 통한 교차판매 인센티브안 수립

영업팀별 Item교차판매 성과적용(案)

배경

- 최소인원으로 매출 증대를 위한 Item별 영업활성화
- 사장님 지시: 영업팀이 전방위적인 교차판매를 실시 할 것

문제/원인

- 문제: 각 팀별 교차판매에 따른 영업실적을 인정해 주지 않음
- 원인: EPR시스템의 팀별 Item이 고정되어 있기 때문임

내용

1. Item별 판매방안

Item		팀구분	
로봇	형태	AI드론팀	로보틱스팀
Bat로봇		주요판매	교차판매
Spider로봇		교차판매	주요판매

ERP시스템 수정 (매출인식)

2. 교차판매 적용기준

Item	적용기준	KPI	성과물	성과부서
Bat로봇	계약완료 및 매출완료	매출액	계약서 및 출하서	계약부서(100%)
Spider로봇				계약부서(100%)

3. 인센티브 제공(案)

1) 지급금액: 제품가의 2%　2) 지급방법: 계약시 50%, 수금시 50%

결정

- 계약 완료한 영업자 기준으로, 수주 및 수금의 책임을 짐
- 계약 보고 시, 해당Item팀장 협조서명 필득후 진행실시

Next, 오메~ 스마트팜 경작도 로봇이 최고지라~

(6) 스마트팜 AI로봇 호남판매지사 운영방안

난제	고객니즈	호남지방에도 판매지사를 운영해 주시요~잉!
	CEO지시	"호남지방에 스마트팜 로봇 판촉지사를 론칭해라"
	분석방법	4P분석을 통한 호남지사 론칭전략 수립

스마트팜 AI로봇 호남판매지사 운영방안

배경
- 호남개발공사와 스마트팜 협약(12/15)에 따른 현지대응 필요
- 호남지역 스마트팜 확대에 따른 AI운영로봇의 판매증진 모색

문제/원인
- 본사에서 고객의 각종 요구사항 및 밀착대응에 한계가 있음
- 호남지역에 전반적인 영업을 위한 인프라가 부재함

방향
- 영업인력배치 및 향후 호남지사 론칭
- 검토사항: 숙소, 사무실, 집기류, 사무용품, 접대비, 광고비

내용

Product	Price
• 차별화된 AI로봇 • BS System • 대출 및 PF관련 금융시스템 보유	• 5천만원/1기(풀옵션: +2천만) • 국가보조 50%(지원상담 실시)
• 거점: 목포 • 타깃: 호남개발 • 범위: B2P, B2C, B2B	• 지역신문, 방송 • 프로야구장 홍보 • 각종행사(전시회) 참여
Place	Promotion

결정
- 인프라 구축: 사무실 계약(1/5), 집기류 구입(1/10)
- 전략기지 활용: 사무실 론칭(1/15), 개소식(1/20)

Next. 더 이상 만들 수도 증설할 수도 없는 경우 해결방안은?

2. 제조부문

(1) 반도체 Auto-Arm로봇 제조전략

난제	고객니즈	반도체산업 증대에 따른, Auto Arm생산량 증대 요망
	CEO지시	"Auto Arm의 판매대비 부족한 생산량을 만회하라!"
	분석방법	제조량 그래프분석을 통한 아웃소싱전략 수립

반도체 Auto-Arm로봇 제조전략

배경

- 반도체 Auto-Arm의 부족한 생산량에 대한 전략을 수립할 것
- 2020년 대비 2021년에 매출계획에 따른 매출이익을 구조화

검토

- 생산Capa. 대비 OEM율을 파악/ 분기별 매출액, 매출이익 확인
- 현재 OEM사는 1벤더로서, 추가 협력사를 확보 필요

내용

■ 제조Capa. 운영전략

- 생산Capa: 2021년 350대, 2022년 360대 예상
- OEM: 2021년 150대(30%), 2022년 190대(34%)

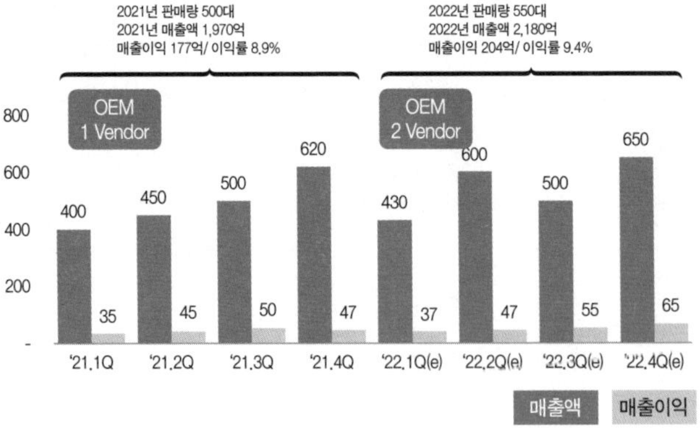

결정

- OEM사를 2Vendor로 확보하고, 필요시 생산량을 조율
- 내작 생산을 66%로 확정하고, Over물량은 OEM사 적극 활용

Next: 지각 No! 난 호버바이크로 날아서 출근한다!

(2) 호버 시리즈 제조플랜 방안

난제		
난제	고객니즈	증대되는 스마트 모빌리티의 생산계획 수립 요망
	CEO지시	“미래의 수송수단 호버의 제조투자심의를 보고할 것!”
	분석방법	판매예상분석을 통한 제조공장 투자계획 수립

호버 시리즈 제조플랜 방안

배경
- 언택트한 환경에 개인이송의 발달로 호버시리즈가 각광
- 당사는 호버(보드, 바이크, 크래프트)시리즈 제조공장을 설립

검토
- 영업: 호버시리즈의 향후 판매계획을 수립
- 제조: 제조공장에 대한 제조플랜과 함께 투자비용을 산출할 것

내용

■ 호버시리즈 제조플랜 방안

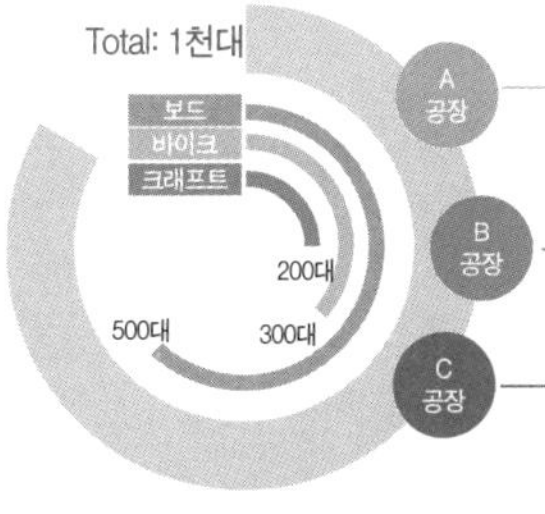

호버보드 500대

호버바이크 300대

사람이나 물건을 싣고 운반하는 수직이착륙 비행플랫폼

호버크래프트 200대

구분	보드	바이크	크래프트	합계
	A공장	B공장	C공장	
건축비	18억	162억	563억	743억
설비비	78억	702억	2,438억	3,218억
UT비	18억	162억	563억	743억
기타	6억	54억	188억	248억
계	120억	1,080억	3,750억	4,950억

결정
- 영업 판매계획수립(1/10)을 바탕으로 제조플랜 수립(1/20)
- 사업계획 작성(1/25), 투자심의위원회(1/30), IR투자공시(2/1)

Next. 공장을 증축하지 않고 생산 극대화. 아웃소싱!

(3) 산업지능 로봇사업의 PEST분석

난제		
난제	고객니즈	산업지능 로봇의 EPC사업을 주도할 전략이 필요
	CEO지시	"로봇EPC사업의 정책, 시장, 기술, 경쟁을 분석할 것!"
	분석방법	PEST분석을 통한 산업지능로봇 EPC사업 전략수립

산업지능 로봇사업의 PEST분석

배경

- 사장님 지시: 산업지능 로봇의 EPC사업은 추진이 왜 미흡한가?
- 산업지능 로봇사업의 정책, 시장, 기술, 경쟁을 분석할 것

검토

- 향후 EPC사업에 대한 지속적인 참여여부 검토
- 입찰에 따른 대응방안 검토: 입찰대응부서, Milestone수립

내용

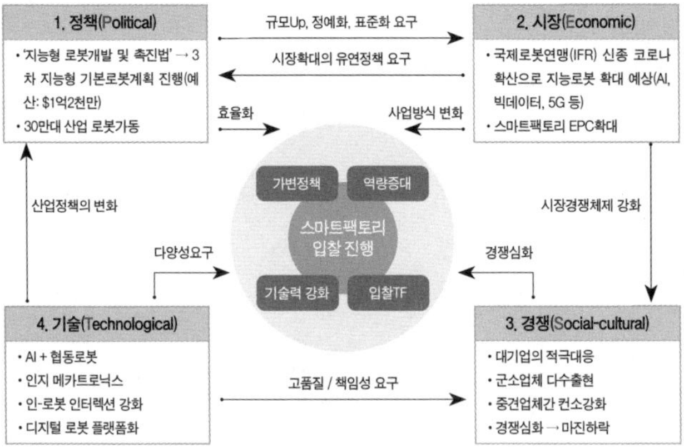

*EPC: Engineering, Procurement, Construction
**PEST: Political, Economic, Social-cultural, Technological
***로봇EPC사업: 스마트공장 증축 및 오토로봇라인을 만드는 턴키EPC사업

결정

- 입찰참여: A기업 평택공장(1/10), B기업 진천공장(1/20)
- 입찰TF 운영: AI시스템사업팀 + 메카트로닉스팀, 1/4일~

Next. 누이 좋고 매부 좋은 OEM생산방식

(4) AI로봇 장비리스 OEM생산 방안

난제		
난제	고객니즈	생산라인 증설투자 없이, 협력사 OEM생산이 필요
	CEO지시	"협력사가 장비리스로 OEM생산방안을 수립할 것!"
	분석방법	투자운용 개요도 분석으로 장비리스 의사결정안 도출

AI로봇 장비리스 OEM생산 방안

배경

- AI로봇의 신규라인 증설에 투입되는 장비를 추가매입 부담
- 협력사가 장비리스를 받아, OEM으로 납품하는 방안을 모색

문제 및 해결

구분		문제점	해결점
당사	장비회수	5년 후 장비소유권 이관문제	계약실시(5년 후 회수)
금융사	관리문제	리스 및 관리업무 부담증대	경영진 의사결정
	채권보존	상환 불이행시 보존문제	협력사 담보설정 진행

주요 내용 및 의사결정

1. 투자운용 개요도

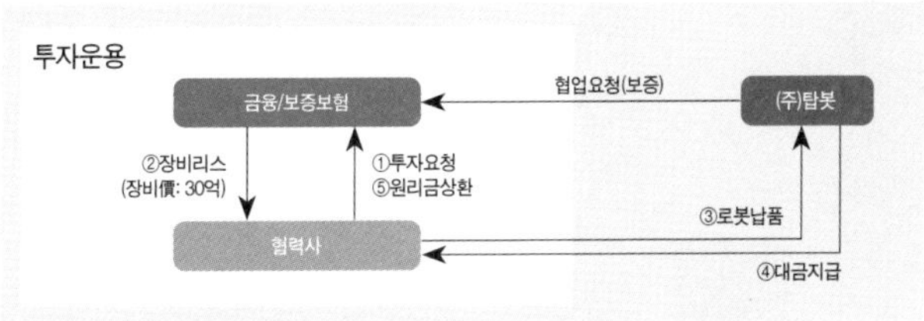

2. 생산량 및 상환액

구분	년	월
생산량(대)	600	50
상환액(억원)	7.2	0.6

3. 의사결정

투자	당사	협력사
원가율	85%	82%
현업의견	원가율 상승	관리용이
의사결정		O(결정완료)

Next: 스마트모핑, 로봇이 사람을 보호하는 세상!

(5) 人보조 전문로봇 신규공장 론칭의 방향성 결정

난제	고객니즈	人보조전문 로봇의 수요증대에 따른 신규공장 설립 필요
	CEO지시	"보조봇 공장은 설립해야 하나? 100억 이내 검토할 것!"
	분석방법	Item별 로직트리 분석을 통한 공장설립 방향성 도출

人보조전문로봇 신규공장 론칭의 방향성 결정

배경
- 인간의 작업을 보조하는 전문로봇 공장의 론칭
- 아이템, 준비사항, 현업의견에 따른 방향성을 결정하고자 함

문제/원인
- 문제: 아이템별 방향성에 따른 Risk Management 필요
- 원인: 한정된 자원대비 다양한 아이템의 사전검토

방향
- 적용 아이템: 소프트 모핑, 웨어러블 보행, 스마트 그리퍼
- 검토사항: 방향성, 준비사항, 현업의견

내용

人보조 전문로봇 공장의 설립

Item	방향성	준비사항	현업의견
소프트 모핑 (관절보조봇 혹은 위험 상황 방어기재)	완제품 조립	반제품: 협력사	적합: 終라인(40억) 好
	전체조립	전라인 준비	불가: 全라인(80억) 不
웨어러블 보행 (의족기능 로봇기술)	설비이관	설비정리, 이관	적합: 설비정리이관 好
	공장이전	용인 → 창원	불가: 기회비용 상실 不
스마트 그리퍼 (미세작업을 하는 진공손가락 로봇)	공장설립	공장, 설비, 유틸	비용: 120억(건축) 不
			비용: 60억(임대) 好

결정
- 소프트 모핑: 최종 조립라인만 설립(반제품: 협력사)
- 웨어러블 보행: 기존 설비 중 불용폐기후 개선개조 활용
- 스마트 그리퍼: 공장을 설립하되, 임대로 비용 최소화

Next: 대기업과 함께 베트남에 사업하러 간다?!

(6) 해외 로봇제조공장 JV투자 의사결정 보고

난제	고객니즈	베트남에 로봇공장설립 EPC사업의 타당성 검토 필요
	CEO지시	"대기업과 JV합자의 타당성과 일정을 보고할 것!"
	분석방법	프로세스 및 사업구도분석을 통한 SPC설립안 도출

해외 로봇제조공장 JV투자 의사결정 보고

배경

- 베트남에 로봇공장 론칭 EPC사업에 대하여,
- 대기업과 합작투자로 안정적인 진행을 하고자 함

문제/원인

- 문제: 대기업과 합자하여 현지에 SPC설립을 하고자 함
- 원인: ①안정적인 PF지원, ②해외Risk의 선제적 Hedge

방향

- 대기업(A,B)에 참여의사 전달 및 내용검토
- 대기업 측에 참여의향서 수급 후, F/S(Feasibility Study)실시

내용

1. SPC 의사결정Process

2. 사업구도

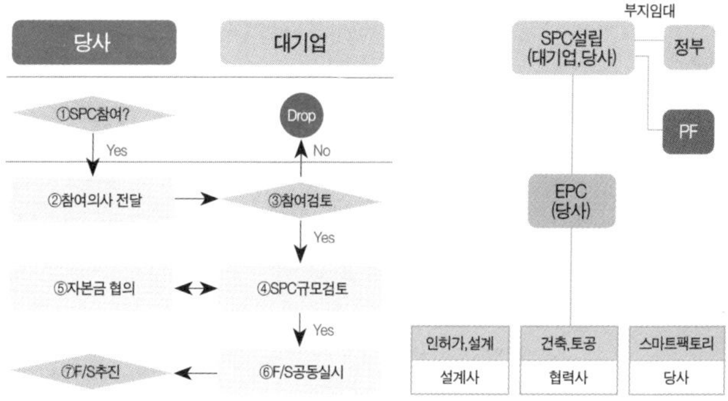

결정

- 당사: ①사업추진 당위성, ②자기자본 금액, ③제안서
- 대기업: ①사업진행여부, ②자기자본 금액, ③F/S보고서
- All: ①로펌 협의(국내,해외), ②현지 세무사 및 디벨로퍼 협의

Next: 추진해야 하나? O&M사업의 득과 실

3. 시공부문

(1) 산업지능로봇 제조라인 O&M사업

난제		
난제	고객니즈	제조공장 로봇라인의 유지보수사업 제안 요망
	CEO지시	"산업지능로봇 라인의 O&M사업 제안서를 만들 것!"
	분석방법	전체 요약도 분석을 통한 O&M사업 개요 작성

산업지능로봇 제조라인 O&M사업

배경

- 고객께 제공한 로봇 제조라인의 O&M에 대한 체계적 관리 필요
- 고객이 당사 O&M사업을 이해할 수 있도록 요약표를 만들 것

내용

■ O&M사업의 개요

1. 목적: 고객께 라인생산성을 최적화하는 운영&관제시스템 제공
2. 효익: 빅데이터 관리를 통한 문제점 분석 및 정량적 개선효과 도출
3. 제안: 생산성향상에 따른 적절한 인센티브 제안(절감액의 10%)
4. 준비: 시장성(약 2조), 연비용 3억(인건2,설비1), 연간 예상수익 30억▲

운영관리
- 로봇설비 관리
- 설비상태 관리
- 시스템 운용관리
- 안전관리

관제업무
- 모니터링 관리
- 장애요인 적출
- 장애요인 개선
- 빅데이터 예측

유지보수
- 설비/소모품 관리
- 운영모니터링
- 장애발생 대응
- 문제사항 개선

성능보증
- 수율보증
- 생산량 보증
- 생산성능 평가
- 가동률 평가

추가 서비스
- 로봇상태 관리
- 소모품 수선
- 로봇 대여
- 안전관리 대행

운영

정밀진단
- 제조라인 진단
- 제조라인 평가
- 시스템 가치평가
- 텍타임 분석

개선&정비
- 문제점 적출
- 문제 원인규명
- 개선방안 제시
- 수리 및 보수

관제

관리업무
- 생산기획업무
- 공정,생산,작업
- 자재MRP관리
- 생신기술관리

정보제공
- Top Tier정보
- 구매신상 정보
- 최신동향 정보
- 빅데이터 & 분석

결정

- 팸플릿 디자인 & 동영상 제작(1/10), 인쇄 및 판촉(1/21~)
- 홈페이지, IR카페, 블로그, 유튜브에 공개

Next: 골프라운딩과 함께 EPC사업을 이해해 볼까요?

(2) 로봇시스템 EPC사업 요약도

난제		
난제	고객니즈	로봇시스템 EPC사업을 매우 쉽게 설명된 자료가 필요
	CEO지시	"일반인도 단번에 이해할 수 있는 EPC자료를 만들 것!"
	분석방법	예제(골프라운딩)를 통한 EPC사업 요약도 작성

로봇시스템 EPC사업 요약도

배경

- 산업지능로봇라인의 설립을 위한 EPC사업에 대하여,
- 고객이 한눈에 이해할 수 있는 요약도가 필요

검토

- 골프코스를 공략할 전략을 EPC사업에 연계하여 표현
- 각 단계별 리스크와 공략방법을 EPC사업으로 정리

내용

■ 로봇시스템 EPC사업 요약도(Golf 예제)

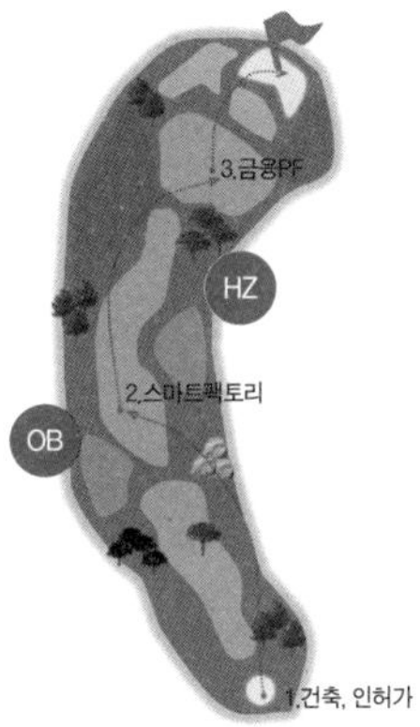

공략방법	단계별 전략	고객니즈
3 해저드를 피해라 (금융사 확정)	금융PF • 경제성 분석 • 年수익 17%▲ • PF모델링 확정	돈이 없어! 금융사 연계 금융약정
2 OB는 절대 No! (스마트한 공장)	스마트팩토리 • Auto Layout • 생산량, 수율▲ • 텍타임 최적화	수익은 어때? 최적 양산라인 설비 MES분석
1 명확한 타깃설정 (건축과 인허가)	건축, 인허가 • 토목,건축 설계 • 공장등록 절차 • 각종 인허가	설립 가능한가? 스피드한 분석 시뮬레이션

결정

- 제안서를 작성 후 보고(1/3), 교육 및 제안서에 활용(1/4~)
- 전사 카탈로그, 표준제안서 및 교육자료에 선정(2/1)

Next: 우리는 텍사스에 아톰을 만들러 간다!

(3) 미국 텍사스 대단위 로봇EPC사업 절차도

난제		
	고객니즈	대단위 로봇EPC사업(US-TX)의 시공개요가 필요
	CEO지시	"미국 텍사스 로봇공장의 설립절차서를 작성할 것!"
	분석방법	요소별 스케줄링 분석을 통한 EPC사업 시공계획 수립

미국 텍사스 대단위 로봇EPC사업 절차도

배경

- 미국 텍사스에 대단위 로봇공장의 설립을 위한 절차도의 작성
- 인허가, 조달, 시공, 자금, 법인의 D-Day와 Milestone의 구상

문제/개선

- 문제: 해외법인 설립의 절차를 포괄적으로 시각화해야 함
- 개선: 거시적인 로직트리 형태의 절차도를 작성

내용

■ 美 Texas Austin 대단위 로봇EPC사업 절차

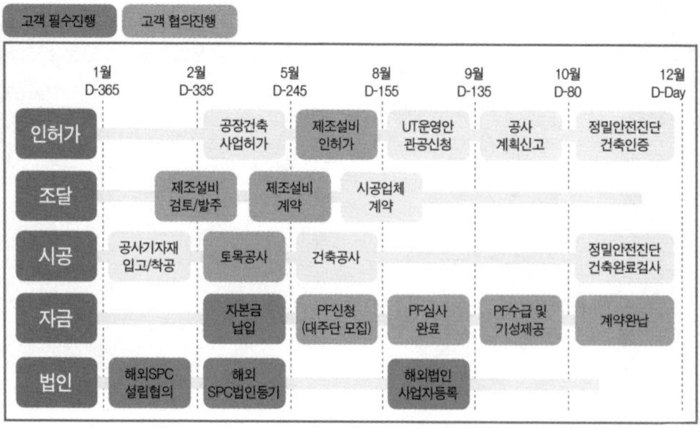

결정

- 절차도 작성(1/10), 세부일정 수립(1/15) → 고객께 제안미팅
- 고객계약(2월), 법인설립(3월), PF추진 및 시공(3~12월)

Next: 죽은 사업을 살리는 또 다른 방법, 분사!

(4) 로봇시스템 EPC사업부 분사전략

난제	고객니즈	로봇시스템 EPC사업부는 수익이 왜 없는가?
	CEO지시	"EPC사업부 경쟁력 확보 위한 분사전략을 수립할 것!"
	분석방법	손익, 이슈, 계획을 통한 EPC사업부 분사전략 수립

로봇시스템 EPC사업부 분사전략

배경

- 독립채산제 수립 및 수익성 확보를 위해 분할을 추진하고자 함
- 전문가 육성을 위한 조직문화 및 기술집약적 사업역량 강화

검토

- 분할방식, 자본금규모, 이사회구성, 면허관련, 보증관계
- 지원부서(법무, HR, 재무), 초기비용(기업진단, 세무조정 등)

내용

1. 로봇EPC 사업부 3년 손익

구분	2020	2021	2022
매출용량(대)	107	200	150
매출액(억)	500	1,000	400
매출이익(억)	50	72	5

2. 분할 이슈사항

- 방식: 법인설립
- 자본: 30억
- 법인명: 딥파워

- 시공면허: 보유
- 공제조합: 가입
- 보증한도 출자

- 대표: 홍길동
- 이사/ 감사선임
- 경영委 운영

- 지원본부 분리 (법무,HR,재무)
- 초기비용: 3억

3. 일정계획

순번	진행사항		담당/납기		1월				
	구분	내용	담당	납기	1	2	3	4	5
1	사업기획	신규법인 분할TFT 결성	TF 팀장	1/2	2				
3		사업방향 결정(사업방향, 자본 등)		1/9		9			
4	법인설립	임원선정(대표, 이사, 감사)	기획 팀장	1/16			16		
5		자본금 확정(초기자금 조달방안)		1/16			16		
6		법인설립		1/31					31
9	면허, 보증	필요면허별 유지 조건 확인	총무 팀장	1/16			16		
10		종합시공 면허, 보증보험 확보		1/16			16		
11	사업장	입차계약: 사업장, 기숙사		1/16			16		
12		사업장 임대차 계약, 레이아웃 진행		1/30					30

결정

- 분사결정 프로세스: 부문장 → 대표이사 → 이사회 결정(1/5)
- 일정: 최종보고(1/5), 분사실시(1/30), 의무공시(2/10)

Next: 자연환경보전은 이제 로봇에게 맡기세요!

(5) 저수지 통합관제 로봇시스템 추진계획안

난제		
난제	고객니즈	관공저수지 관리로봇과 관제센터의 사업기획 필요
	CEO지시	"저수지 관제시스템의 개요 및 방향성을 수립할 것!"
	분석방법	리스크매니지먼트 분석을 통한 관제시스템 업데이트

저수지 통합관제 로봇시스템 추진계획안

배경
- 사장님 지시: 저수지, 댐 등 관리하는 로봇사업 추진계획 수립
- 향후 관공서와 협의 후 유관사업을 지속적으로 제안할 것

방향
- 관공기관: 당사 관제시스템의 고유함과 탁월성을 제안서 어필
- 대기업: 향후 댐 운영에 필요한 관제시스템 및 JV설립 제안

내용

1. 사업구도

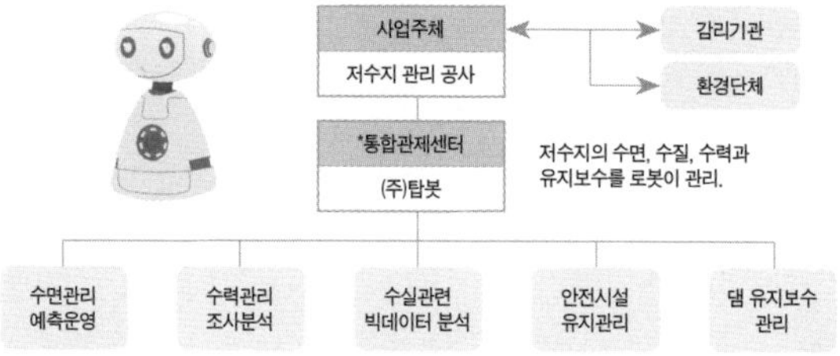

2. Risk Management

문제점	확인사항	방향성
• 모니터링: 유인로봇要	• 구도: 시설관련 정리	• 공기업에 제안 및 영업
• 로봇 구비: 범람, 균열	• 확인: 물권, 구도, 계약	• AI빅데이터 수집, 분석
• 인허가: 장기화 가능	• 설계: 설계사 FS진행	• 환경단체 협업, 합의
• 지분: 투자 및 Exit	• 수익: 임대 및 O&M	• 통합관제 센터관리

결정
- 당사 수상관리Robot 및 관제시스템 AI S/W Update(1/25)
- 관공기관, 대기업에 선제적 제안실시(~1/30), 이후 시스템관리

Next: 힘든 농사일도 로봇이 알아서 척척!

(6) 농가보급형 무인자율 로봇사업 추진안

난제	고객니즈	정부의 보급정책인 농가형로봇의 사업추진 필요
	CEO지시	"농가보급형 로봇사업의 편익을 검토 후 보고할 것!"
	분석방법	설비원가분석을 통한 농가보급 무인로봇 추진안 작성

농가보급형 무인자율 로봇사업 추진안

배경

- 정부에서 보급중인 농가형로봇에 대한 사업의 진행안을 작성
- 탑봇의 첨단 농가보급형로봇의 판매방안을 검토할 것

문제/원인

- 문제: 트렉터, 굴삭기, 경운기, 모종기 등의 통합로봇이 부재함
- 원인: 각기 다른 용도로 인하여 사양이 다양하며 가격이 고가임

장점/제안

- 장점: 정부 및 지자체에서 지급되는 보조금을 최대한 이용/언급
- 제안: 군에서 진행하는 마을 이장 집체교육시 제안 실시

내용

1. 농가보급형 로봇사업 개요

1) 개요: 농가 고령화 및 빈곤화에 따른 원스톱솔루션 (유)무인화 로봇을 정부와 지자체가 보조금을 지급하여 추진하는 스마트농업 사업
2) 대상: 농업인, 영농법인
3) 일시: 2021년 1/1일부터 보조실시

2. 자기부담금

구분			비용
투자금	자기부담		300만원
	지원금	정부	2,000만원
		지자체	700만원
		소계	2,700만원
	합계		3,000만원
년 수입			500만원
투자 회수기간			약 6년

3. 원가내역

구분	내용	금액
자재류	H/W, S/W	1,000만원
로봇Arm	200kg*4개	1,000만원
구동부	Robot하체+휠	500만원
조립비용	조립 및 설치	300만원
소모품비	계량기 외	100만원
잡비, 이윤	공과비, 이윤	100만원
합계		3,000만원

결정

- 홍보용 카탈로그, 팸플릿 제작(1/10), 안내 PT작성(1/20)
- 시뮬레이션 발표(1/25), 집체교육(경북 성주군, 1/30~)

Next: 상도 타고 제주도에 가는 방법, 커뮤니케이션!

4. 관리부문

(1) 탑봇 커뮤니케이션상 선정안

난제		
난제	고객니즈	내부 조직 간 벽이 높음. 원활한 조직문화 구축 필요
	CEO지시	"상시 소통 및 협업하는 포지티브한 방안을 강구하라!"
	분석방법	포상기준 및 프로세스의 정비로 소통상 제정

탑봇 커뮤니케이션상 선정안

배경

- 소통경영에 입각하여 수평,수직간 커뮤니케이션을 독려 위함
- 칭찬하는 문화 및 활기찬 직장분위기 조성

문제/원인

- 문제: 회의시 자주 다투며, 상하좌우간 대화가 부족
- 원인: 팀 목표달성에 치중하여, 소통협업의 조직문화가 미흡

방향

- 탑봇의 소통상을 체계화하여 포상을 실시
- 1년간 임시 운영 후, 인사위원회에서 당사 포상기준 상신(검토)

내용

1. 포상 기준

① 조직 內 상·중·하간 커뮤니케이션이 우수한 직원
② 직원의 화합을 독려하고, 희생정신이 강한 직원

2. 포상 프로세스

	→	→	→	
Action	포상기준 공지 (게시판)	ERP 투표/선정 (분기별,무작위)	투표결과 CEO 보고	분기 조회시 포상실시
담당	전략 기획실	전원참여	전략 기획실	CEO

3. 포상내역: 제주도 왕복항공권 4인 + 콘도 3박4일

(부상: 로보트태권브이 피규어 한정판 1대)

4. 예산현황(총 140만원/분기)

① 제주도 왕복권 2매 * 4인 * 10만원 = 80만원
② 회사콘도 이용권 3매 * 20만원 = 60만원

결정

- 금년도 1분기 투표 실시(1/10~1/11), 포상일시(1/15)
- 2022년부터 분기별 투표 실시 후, 조회시 CEO 포상 실시

Next: 만화책을 보는 의무적인 포상휴가가 주어진다면?!

(2) 현장인력 사가독서제도 운영

난제		
난제	고객니즈	시공현장에 안전사고 방지를 위한 휴식방안이 필요
	CEO지시	"현장인력은 시공 후 의무적으로 재미있게 쉬게 해라!"
	분석방법	제도정비 및 Process개선을 통한 Refresh제도 운영

현장인력 사가독서(賜暇讀書)제도 운영

배경

- 현장인력은 지속적인 로테이션으로 지방에서 근무중임
- 조직문화 차원에서 프로젝트 완수 시, 의무 휴식 제도가 필요

문제/원인

- 문제: 과도한 Stress 및 업무효율 저하로 안전사고 발생
- 원인: 현장업무 셋업 인원이 지속적으로 Project를 수행

제도 소개

- 세종대왕이 인재양성을 위해 젊은 문인에게 준 독서휴가 제도
- 1424~1456까지 22년간 시행

내용

1. 제도내용

① 대상: Project Set-Up과 관련된 인원 일체(시공, 셋업 등)
② Refresh사용방법 및 기준일자: 연차사용원칙, 3일 허용
③ 도서구입비용 청구방법: 휴가 후 영수증 첨부(20만원/人)
④ 독서 독후감 제출(1권, 휴가 이후 즉시, 양식 참조)

2. 시행 Process

Project완료 (인원 List-up)	결재루트			휴가 후 독후감 취합
	담당	결재	최종	
프로젝트 팀장	PM, PE	팀장	CEO	전략 기획팀

3. 시행일자: 2022년 1월 1일자

4. 특이사항: 만화책도 상관이 없음

5. 예산현황: 2천만원(100명*20만원)

결정

- 현업의견: 예산확보(완료), 경영진 결재 이후 즉시 시행
- 경영진: 즉시 시행할 것

Next: 자율 주행하는 로봇이 영원히 생존하는 방법!

(3) 자율주행 물류로봇 ESS시스템 구매안

난제		
난제	고객니즈	ESS의 배터리 부족현상에 대한 구매대안 수립 필요
	CEO지시	"자율물류로봇 ESS에 대한 장기수급 대안을 수립할 것!"
	분석방법	구매구도분석(中國產)을 통한 ESS 장기수급 전략 수립

자율주행 물류로봇 ESS시스템 구매안

배경
- 자율물류로봇에 필요한 ESS에 대하여 장기적인 수급전략 필요
- 중국의 전문제조사를 발굴하고, 국내 대리점을 통하여 수급

문제/개선
- 문제: ESS에 필수적인 배터리까지 총체적인 공급이 필요
- 개선: 당사에 적합한 ESS시스템을 Ass'y로 공급을 받아야 함

방향
- 배터리제조사, ESS조립사, 대리점의 구매구도를 확정하고,
- 기술, 보증, 사업방향에 대하여 논의 후 결정

내용

■ 자율물류로봇 ESS시스템 구매구도 및 논의사항

ESS: Energy Storage System

구매구도

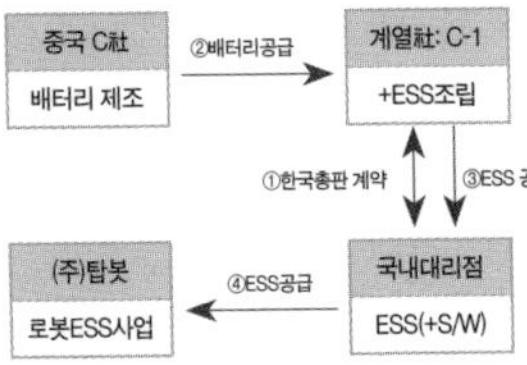

Target	① 장점 - 가격저렴(20%), 긴 수명(30년) - 안전우수: 폭발, 화재위험 낮음 ② 단점: 출력이 낮음(ACM 3.7V)

논의사항	
기술사항	• 물류로봇+ESS S/W적용 • ESS메카트로닉스 기술리뷰
보증사항	• C社의 KS인증 취득 문제 • 금융사 PF보증 문제
사업방향	• 전체적인 사업구도 협의 • 대리점 계약사항 점검

① C社는 궁극적으로 국내 전기차 시장에 관심
② 본 사항은 경쟁사와도 접촉중임 (A社, 1/12)

결정
- 중국 C사의 ESS시스템을 국내대리점으로부터 공급
- 중국출장 및 의사결정(1/5~7, CEO&구매팀장), 장기계약(1/10)

Next: 위기를 기회로 만드는 시나리오 전략 수립!

(4) 로봇사업 PF추진 보고

난제		
난제	고객니즈	스마트팩토리 입찰사업에 대한 PF의 원활한 대응 필요
	CEO지시	"금융문제 해결을 위해, 낙찰권 양도방안을 수립할 것!"
	분석방법	시나리오 시뮬을 통한 낙찰권 양도양수전략 수립

로봇사업 PF추진 보고

배경
- 대기업에 스마트팩토리 제안입찰에 응모하여 낙찰을 받음
- PF가 불확실해짐에 따라 사업을 양도하고자 함

문제/원인
- 문제: 사업에 사전협의 되었던 금융사가 PF불가함을 통보해 옴
- 원인: 금융사가 정책변화에 따른 연도별 사업수익 감소를 우려

방향
- 개발비용과 O&M사업을 진행조건으로 차석자에게 계약 양도
- 1안(개발비용 + O&M사업), 2안(개발비용만 받음)

내용

■ 낙찰권 양도양수 의사결정 시나리오

시나리오#1	시나리오#2
당사는 Developer(O), O&M(O)	당사는 Developer(O), O&M(X)
• 양수자: Mother EPC • 당사: SPC지분투자 + O&M	• 양수자: All(SPC+M.EPC+PF) • 당사: Developer Fee만 받음

차석자에게 계약 양도	No	입찰계약 파기
#1 개발비용, O&M진행 #2 개발비용만 받음		1. 로봇자재: 발주 취소 2. 건축: 인허가 취소
개발비 수익: 3억		계약보증금 1억 손실

결정
- 목표: 차석자에게 계약을 양도하되, 불가시 입찰계약을 파기
- 손익: 개발비 수익 3억 or 손실 1억 이내로 마감

Next: 혁신을 얼라인먼트하다. DDC전략!

(5) 부문별 혁신과제 DDC 추진방안

난제	고객니즈	부문별 혁신과제에 대하여 구체적 추진방안이 필요
	CEO지시	"혁신과제는 사업부별 명확한 지침과 함께 성과 낼 것!"
	분석방법	DDC분석을 통한 각부문별 혁신과제 추진전략 도출

부문별 혁신과제 DDC^{Drill Down Chart} 추진방안

배경
- 부문별 원가절감에 대한 명확한 목표를 부여하여,
- 정량적인 성과를 월,분기,년간 측정하여 독려하고자 함

문제/개선
- 문제: 부문, 팀별 명확한 목표가 부재함
- 개선: 사업부별 조직목표를 Drill Down하여 목표를 분배함

방향
- 각 사업부별 독립적인 손익계산(매출, 원가, 이익)을 작성
- 도식화된 조직도에 DDC를 기재 및 공유하여 조직목표를 각인

내용

(주)탑봇
2022년 혁신과제
총 70억

	산업지능로봇 사업	반도체로봇 사업	자율주행 물류사업	AI로봇 신사업
수행방법	매출이익 15%▲	매출원가 15%▼	매출이익 30%▲	매출이익 30%▲
혁신과제	AI EPC 추진 外 5건	로봇Arm 개선 外 10건	자율드론 혁신 外 7건	AI시스템 혁신 외 8건
매출이익	50억	100억	59억	20억
+혁신	+20억	+30억	+13억	+7억
총 금액	70억	130억	72억	27억

결정
- 목표: 70억 이상(인센티브 10% 부여, 부문차등 지급)
- 적용: 1/1일자

Next. 3천억 사업을 자기자본 1%만 가지고 추진하는 방법은?

(6) AI정보타운 추진 개요도

난제	고객니즈	AI정보타운을 설립함에 있어 자본출자 방안 필요
	CEO지시	"AI정보타운의 개요도 및 SPC추진계획을 작성할 것!"
	분석방법	사업구도분석을 통한 AI정보타운의 추진방안 작성

AI정보타운 추진 개요도

배경

- 사장님 지시: AI정보타운의 추진 개요도를 작성, 보고할 것
  (금융사, 신탁사, 지자체를 포함하여 구도를 포괄적 정리)

방향

- 문제: AI정보타운 추진에 대한 개요를 알 수 없음
- 개선: 일목요연한 사업 개요도와 내용을 정리하여 도식화

내용

■ AI정보타운 사업개요

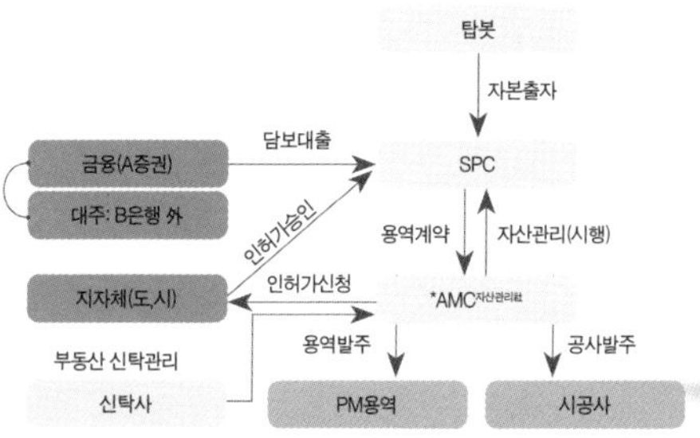

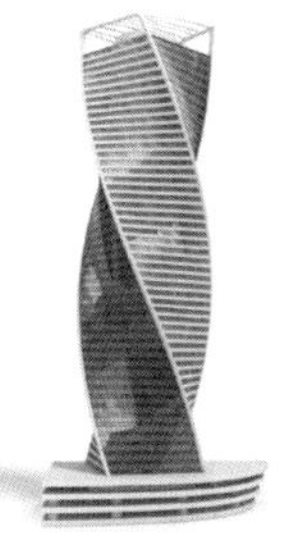

SPC 자본출자 구조(억)				
자기자본			타인 자본	합계
당사	7社	소계		
1%	9%	10%	90%	100%
30	270	300	2,700	3,000

건축 개요	
7-1BL	20층
7-2BL	10층
(연면적 4만평, 총30층)	

- 용도: 지식기반산업용지
- 입지: 지하철 3호선 연결
- 가치: 2천만원/坪(3%up)
- 제한: 5년 전매제한/ SPC社

일정

- SPC사 출자협의(1/30), 당사 자본출자(2/15), 지자체 협약(2/1)
- 건축설계(2월말), 인허가(6개월), 착공(9월), 준공(내년 3월)

Next: 십시일반으로 100억의 이익을 내는 방법은?

5. 기획부문

(1) 반도체 로봇부문 경영혁신과제 선정(案)

난제		
난제	고객니즈	반도체 로봇부문 경영혁신목표의 세부내용 확인 필요
	CEO지시	"반도체로봇의 혁신 100억 및 영업이익 300억 맞춰라!"
	분석방법	CST분석을 통한 반도체로봇의 혁신 세부과제 선정

반도체 로봇부문 경영혁신과제 선정(案)

배경

- 반도체로봇에 대한 경영혁신과제를 선정하여 원가절감 실시
- 경영혁신과제는 원가절감, 표준화, 기술증진의 섹터별 진행

내용

1. 2022년 경영목표

구분	금액	비율
매출	2,000억	100%
매출원가	1,600억	80%
매출이익	400억	20%
판관비	200억	10%
영업이익	200억	10%

2. 경영혁신 목표

구분	절감액	코드	
Profit & Cash	50억	C	4
Standardization	30억	S	4
Tech.& Product	20억	T	4
합계	100억		12

*영업이익: 300억(절감 100억 포함)

3. 반도체부문 경영혁신 과제

반도체부문 혁신과제		코드관리 및 절감목표		
대분류	소분류	코드	No	목표액
원가혁신	메카트로닉스 내작 원가절감 적용	C	1	15억
	엣지 AI 칩 S/W Code Item 원가혁신		2	15억
	AIOHCV 원가혁신 로드맵(+RPA)		3	10억
	SCM+MRP IV 구조혁신(내/외작)		4	10억
표준화	세대별/ 장비별 표준원가 DB 구축	S	1	10억
	Big Data Code/BOM 체계 정비		2	10억
	Proposal, Kick-off, 현장설명회 표준화		3	5억
	TQM Process 확립 및 F-cost 저감		4	5억
기술증대	PM 육성 (교육커리큘럼, 학점이수제)	T	1	5억
	AIOHT 기술력 강화(AI엔진+5G센싱)		2	5억
	Deep GV 기술력 강화(GPS+딥러닝)		3	5억
	자율주행 기술강화(Human+Big Data)		4	5억
합계				100억

결정

- 혁신 목표금액 총 100억(원가혁신 50억, 표준화 30억, 기술증대 20억)
- 목표달성시 부문에게 초과분(PS) 인센티브 전액 지급 실시

Next: 사내 유휴공간에 50억을 투자 받아볼까?

(2) 산업지능 AI로봇 클러스터 사업 추진안

난제	고객니즈	사내 유휴공간(공실)을 최적으로 활용할 방안수립 필요
	CEO지시	"사내 유휴공간에 클러스터 사업의 투자유치 받을 것!"
	분석방법	네트워크 분석을 통한 클러스터 사업 추진안 도출

산업지능 AI로봇 클러스터 사업 추진안

배경

- 사내 유휴공간(1F, B1F) 활용하여 산업지능 AI Robot Hub구축
- 관공 및 협회에 제안하여 투자 및 자금을 유치할 것

요청사항

- 관공: 지역사회 AI허브 유입, 고용 창출, 투자유치 및 세제혜택
- 협회: 대기업유치, 금융사투자, 협회사 추천, 협약대학 취업

내용

■ 산업지능 AI로봇 클러스터 개요도

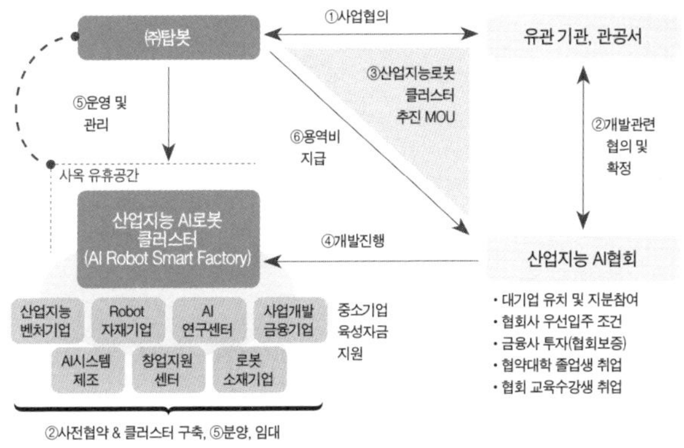

결정

- 총 사업비: 50억(자기자본 2억, 협회 3억, 투자유치 45억)
- 산업지능 AI협회의 투자유치 진행사항 확정 후, 사업추진

Next: 제주에 가장 많은 것은? 돌, 바람, 여자 그리고 로봇

(3) 제주도와 함께하는 탑봇, 세 가지 약속

난제		
난제	고객니즈	제주도에 추진하는 로봇사업에 적합한 제안서 필요
	CEO지시	"제주도에 로봇산업 비전과 당사 요구사항을 제안할 것!"
	분석방법	가치제안 요약도를 활용하여 관공용 제안서 작성

제주도와 함께하는 탑봇, 세 가지 약속

배경
- 제주도에 고용 및 로봇산업 육성의 사업구상과 함께,
- 관공서에 제안할 요약도를 만들고, 면세/ 금리/ 자금지원 어필

요청사항
- 도청: 지역사회 기여, 지역고용 창출, 제4차 산업혁명Item 육성
- 당사: 3년간 세제혜택 부여, 도내 금융사 금리우대, 자금지원

내용

① 지역사회 기여

제주도內 지역기업으로서
수출, 보급 및 기업육성에 기여
1. 마이크로 로봇 생산 1천대/年
2. 벤처기업 육성: 자재, 연구
3. 로봇산업 육성: 기업, 금융

② 지역고용 창출

사람중심의 시스템이 조화를
이루는 최첨단 공장
1. 년 1천명 고용창출
2. 100% 지역인력 고용
3. 최첨단 기술인력 배양
4. 협력사 산단입주 적극 견인

③ 로봇산업 육성

도내 로봇산업 육성 및
Top Tier Smart Factory 구축
1. 로봇산업 랜드마크 형성
2. 마이크로 로봇 연구소 구축
3. 4차 산업혁명 로봇HUB
   - 로봇Grid, 로봇솔루션

결정
- 총 사업비: 1,500억(자기자본 150억, 투자유치 1,350억)
- 도내 관공서, 금융, 창투 등과 투자유치 가능여부 확인 후 결정

Next: 우리가 최고인 것에만 집중하면 돼!

(4) 로봇 Item별 성장전략 및 경쟁전략

난제	고객니즈	로봇 아이템별 구체적 세분화와 전략이 필요
	CEO지시	"로봇 아이템 전략 방향성은 성장 or 경쟁력 강화인가?"
	분석방법	성장, 경쟁의 로직트리를 활용한 전략 메트릭스 작성

로봇 Item별 성장전략 및 경쟁전략

배경

- 당사의 규모, 역량 대비 다양한 종류의 로봇개발을 진행중임
- 향후 성장할 로봇과 경쟁과정에서 우위를 차지할 로봇을 구분

검토

- 전략의 방향성에 대하여 성장과 경쟁의 차원에서 확인 필요
- 다양한 로봇을 로직트리형태의 메트릭스에 대입하여 분석 실시

내용

전략의 방향성			로봇 Item별 전략: 지능형 로봇	반도체 로봇	AI드론
성장전략	주력확대	기존시장 확장	봇 라인확장	Ⓑ AI Conveyer	배송로봇
		신규제품	Ⓐ 서비스로봇	AI Lifter	Ⓒ 보안로봇
		신규시장	로봇플랫폼	제조협동봇	군수시장
	다각화	수평/수직통합			위성드론
		관련사업	의료보조로봇	이송로봇	방재드론
		비관련사업	안내로봇	항공물류로봇	바이오드론
	사업철수	자산매각	Ⓓ 소셜로봇		Ⓕ 단순배송봇
		영업권 양도		Ⓔ 단순물류봇	
경쟁전략	시장철수	분사		EPC시공社	Deep드론社
	차별화	제품력 향상	인텔리전트	로보틱스	드론 모듈화
		마케팅	AI+빅데이터	AI+반도체	접이식드론
	원가우위	VE적용	웨어러블		Weight VE
		원가절감		전자입찰체	

결정

- 성장전략: Ⓐ 서비스로봇, Ⓑ AI컨베이어, Ⓒ 보안로봇
- 사업철수: Ⓓ 소셜로봇, Ⓔ 단순물류봇, Ⓕ 단순배송로봇

Next:. 어머, 이건 추진해야 해. 신규 아이템 사업!

(5) 신사업제안 검토 프로세스 확립안

난제	고객니즈	무분별한 신사업제안에 대한 표준검토 프로세스 필요
	CEO지시	"신사업 제안의 프로세스를 정립하여 체계화시켜라!"
	분석방법	개선전,후 프로세스 분석을 통한 신사업제안 확립

신사업제안 검토프로세스 확립안

배경	• 각 부서에서 신사업의 제안을 경영진에 곧바로 기안하는 바, • 신사업을 체계적으로 검토하여 추진하는 정규프로세스가 필요
검토	• 필요사항: 프로세스, 제안양식, 투자심의안, 타당분석, 의결기준 • 우선검토: 프로세스의 현재와 개선 후를 비교 실시
내용	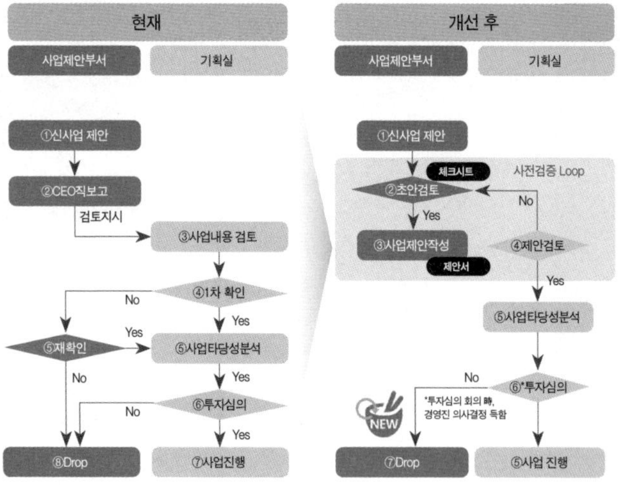
결정	• 정식적인 신사업제안 프로세스안을 확립할 것(기한: 1/20) • 신사업제안 프로세스 적용일시: 2/1일자

Next: 우리 함께 드론 날릴까? 위드 협력사

(6) 정부과제 군수용 드론로봇 추진(案)

난제		
난제	고객니즈	정부과제 군수용 드론에 대한 추진 의사결정 필요
	CEO지시	"협력사와 정부과제를 협업, 미래 먹거리를 창출해라!"
	분석방법	과제검토서를 응용하여 정부과제 추진안 작성

정부과제 군수용 드론로봇 추진(案)

배경

- 군수용 탐지드론 로봇의 개발관련 정부과제를 진행함에 있어,
- 드론시스템 협력사 A와 함께 제안여부를 확정하고자 함

내용

1. 사업개요도 및 프로세스

2. 과제비용 검토: 총 2.7억 소요

(단위: 백만원)

구분	1차년도					2차년도					총계				
	정부출연	민간부담금			합계	정부출연	민간부담금			합계	정부출연	민간부담금			합계
		현금	현물	소계			현금	현물	소계			현금	현물	소계	
A	113	45	30	75	188	156	63	41	104	260	269	108	108	179	448
당사	68	9	36	45	113	94	13	50	63	156	161	22	22	108	269
합계	180	54	66	120	300	250	76	91	167	417	430	130	130	287	717

3. 현업 의견

기술적 검토	• A사의 S/W기술력은 매우 우수	好
영업적 검토	• 비즈니스 모델은 다양: 군수 → 일반 • 선명한 대기업 Pipe-Line은 없음	好
자원적 검토	• 현금: 0.22억 소요 (+구매조건 부담) • 현물: 0.86억 소요 (+연구인력 3명 소요)	中

결정

- 협력업체 제안검토(~1/15), 피드백(~1/20), 최종제안(1/25)

감사의 글

이 책을 존경하옵는 아버님 오경호 님, 자애로우신 어머님 정선애 님께 올립니다.

졸저는 세 번째 집필하는 책으로서, 직장의 언어인 보고를 주제로 합니다. 필자도 아직 직장인입니다. 27년을 근무하며 매일 보고를 하고 있습니다.

보고서는 작성과정에서 전략과 책임의식을 토해내는 자기 철학의 시간을 갖기 때문에 중요합니다. 제가 그동안 경험했던 수많은 보고서 중 가장 힘겹고 뿌듯하게 해결한 100개의 프로젝트를 정리하며 집필했습니다. 각 프로젝트는 아이템(Item)별, 직무별로 상이하고 난해하기 때문에 편의상 가상의 로봇제조회사인 ㈜탑봇을 예제로 가공하여 수록했습니다. 비록 독자와 환경은 다르지만, 현장의 예제를 여과 없이 수록했다는 점에서 흥미롭게 참조하시기 바랍니다.

가장 훌륭한 어시스트는 경험이 가미된 코칭입니다. 문제 풀이 없는 교과서 정독은 정작 시험에서는 빛을 보지 못하듯이, 생계현장에서 벌어지는 지독한 전투경험이 없이는 보고서를 효과적으로 설명하기 어렵습니다. 수십만 장의 보고서를 직접 작성해 본 사람은 작문에 주눅이 없고, 진일보하여 출간할 수준이 되면 지식세계의 크리에이터가 됩니다.

저술은 다양한 주제와 스토리를 양산하는 과정에서, 매번 어렵고 고독한 창작입니다. 필자는 작성한 보고서를 특징별로 구분하여 색인하는 습관이 있는데, 약 500개의 핵심 리포트를 틈틈이 정리해둔 덕분에 집필이 가능했습니다. 그토록 지겹게 작성했던 보고자료, TF 보고서, 회의록 등이 머릿속에 정리되어 책으로 양산했으니 보고서가 필자를 만든 셈입니다. 이렇듯 보고서는 직장생활의 스트레스 속에서 저자의 길로 인도해 주곤 합니다.

책 쓰기에 관대한 시간을 할애해 주는 사랑하는 아내 오선영에게 감사를 드리며, 함께 소주로 출간을 자축하고자 합니다. 건강하게 만기 전역한 아들 윤준식 병장과, 명문 대학에 단번에 입학한 새내기 딸 윤아현 모두 훌륭한 인성과 함께 건강하게 성장해 주어 감사합니다.

함께 고군분투하며 태양광프로젝트 수주에 여념이 없는 영업멘토 조현석 본부장께도, 아낌없는 코칭과 배려에 대하여 지면을 빌어 특별한 감사의 말씀을 드립니다.

또한, 이 책의 마무리 인사는 제 유년시절부터 우정을 함께하는 오인방(서거삼, 김형근, 전인찬, 정규완)의 건강과 다복을 기원하며 마치고자 합니다.

저자 윤홍준